# Ein schwäbisches Wörterbuch

Von Helmut Binder

# Ein schwäbisches Wörterbuch

Von Helmut Binder

## Abdackla bis Zwetschgaxälz

THEISS

Bibliografische Information Der Deutschen Nationalbibliothek
Die Deutsche Nationalbibliothek verzeichnet diese Publikation in der Deutschen Nationalbibliografie; detaillierte bibliografische Daten sind im Internet über http://dnb.d-nb.de abrufbar.

Umschlaggestaltung: DOPPELPUNKT, Stuttgart

3. Auflage 2009

Lektorat: Barbara Buchter, extratour, Neuenbürg
Gestaltung und Satz: DOPPELPUNKT, Stuttgart
Druck und Bindung: CPI – Ebner & Spiegel, Ulm
ISBN 978-3-8062-1808-4

# INHALTSVERZEICHNIS

# VORWORT

Ein richtiges Vorwort umfasst mehrere Seiten. Warum es trotzdem »...wort« heißt, weiß keiner.

Im Vorwort erläutert der etablierte Autor seine Absicht und spricht dabei von »wir« und »uns«, im Pluralis Majestatis wie einst Kaiser Wilhelm, als ob er eine Macht darstelle oder eine Mehrheit vertrete.

Da ich aber in diesem Büchlein bescheiden nur meine persönliche Meinung und Kenntnis vortrage, muss ich mich für Fehler auch allein verantworten. Darum die bescheidene Ich-Form. Bitte, seien Sie gnädig.

Neugierde hat mich getrieben, das »Wordbook«, Untergruppe »Schwäbisch« in meinem Computer lesbar zu machen. Dorthin hatte ich die gelegentlich verwendeten schwäbischen Wörter geschickt, die der eingebaute Zensor rot unterstrichen hatte nach dem Motto »Was der Bauer nicht kennt...«. Der Gestrenge war damit zwar zunächst einmal zufrieden gestellt, doch blieb für mich die Frage offen, was ich einem richtigen Schulmeister sagen sollte, wenn der mich fragte, wo dieser oder jener schwäbische Begriff denn im Duden stehe?

Da fing ich halt an, meinen eigenen Duden zu schreiben, mit Grammatik und Ausspracheregeln, vergaß auch nicht, Beispiele zu erwähnen – hervorgehoben in Kästen, damit man sie leichter findet.

Sollte Ihnen bei diesen eingestreuten Geschichtchen Bekanntes begegnen, freuen Sie sich über Ihr gutes Gedächtnis. Es handelt sich keineswegs um Plagiate, sondern um Volksgut. Auch andere Autoren haben es irgendwo gehört oder gelesen und dann aufgeschrieben – so wie es die Brüder Grimm wahrscheinlich mit ihren Märchen gemacht haben.

Und noch eines: Dieses Büchlein wird kein Sprachkurs. Seine Lektüre soll Schwaben und ihren Freunden Spaß machen. Sonst gar nichts.

Das Wörterbuch einer Mundart verfehlte seinen Zweck, würde es jedes Wort enthalten, bei dem die Schriftsprache nur bei ein paar Buchstaben abweicht. In einem solchen Fall lohnt sich der Aufwand nur für solche Worte, die »verballhornt« wurden oder hierzulande erst nach Luther in Mode gekommen sind. Dazu gehören zum Beispiel Begriffe aus dem Französischen, wie »Trottoir« oder »engagieren«, denn linksrheinische Eroberer und fast der gesamte Adel haben jahrhundertelang das Welsche importiert und Schwaben haben sich daraus gelegentlich recht nette Versionen zurechtgebogen (z.B. *Trottwar* bzw. *agaschiera).*

Schwaben sind Nachfahren der Sueben, die sich – 58 v. Chr. von Caesar besiegt – als »Neckarsweben« um Lopodunum (Ladenburg) niedergelassen und dann nach Süden ausgebreitet haben. Schwaben sind also all die netten Menschen zwischen dem Simplonpass und der Bergstraße, zwischen Vogesen und Lech, egal ob sie inzwischen Eidgenossen oder Alemannen genannt oder unter Wittelsbacher Herrschaft zu Bayern gemacht wurden. Gleich sind ihnen die interessante Grammatik und der schöne Wortschatz, bei dem die Kinder »Mädla« oder »Meitli« und »Buba« oder »Büebli« genannt werden.

# Wissenswertes übers Schwäbische

# TAUSEND JAHRE SCHWÄBISCH

Schwäbisch ist keine Abart von Deutsch, sondern eine Sprache, die bei der Herausbildung unseres Hochdeutsch eine im Sinne des Wortes herausragende Rolle gespielt hat. Denn die deutschen Herrschergeschlechter des zweiten Jahrtausends kamen aus Schwaben: Staufer, Welfen, Hohenzollern, Habsburger. Im Mittelalter haben die schwäbischen Soldaten als Reichsbannerträger die führende Rolle gespielt, was großen gesellschaftlichen Einfluss mit sich brachte. Ihre Anführer, aus kleinen und großen Adelsgeschlechtern stammend, haben durch eheliche Verbindungen in andere deutsche Stämme hinein auch ihre Gefolgsleute und deren Sprechweise mitgebracht. Die schwäbischen Handelshäuser der Welser und Fugger waren vom 15. bis in das 17. Jahrhundert hinein weltweit noch bedeutender als die der Hanse. Das maßgebende Rechtsbuch im Hochmittelalter, das »Kayserrecht«, wurde um 1275 von einem Mönch in Augsburg in oberdeutscher Mundart geschrieben. Später hat man es sogar den »Schwabenspiegel« genannt.

## 'S IST ANDERS ALS ÄLLIG

Vor geraumer Zeit habe ich in meinem Bücherschrank gestöbert und – natürlich mit allergrößtem Vergnügen – unter anderem auch Thaddäus Troll gelesen: »Deutschland deine Schwaben« und »Preisend mit viel schönen Reden«.

Doch mit Erstaunen habe ich dabei festgestellt, wie vieles sich gewandelt hat seit dem Erscheinen dieser amüsanten Bücher.

Ein bekannter Schriftsteller beklagt, dass seine katholische Erziehung in sexuellen Dingen ein Trauma erzeugt habe, das loszuwerden nicht leicht sei. Taddäus Troll meint, dass wegen des pietistischen Einflusses in Schwaben so etwas nur »bei aussenem Licht« vorkomme.

Meine Erfahrungen in einer pietistischen Familie waren da anders. Sex als solcher war natürlich kein Tagesthema, aber wo »gewisse Vorkommnisse« bekannt oder vermutet wurden, ging man mit einem gewissen Schmunzeln darüber hinweg. Schürzenjäger allerdings, also Kerle, denen es nur auf das unter der Schürze ankam, galten als Schlawiener, mit denen wollte man nichts zu tun haben.

Damals hat Thaddäus Troll drei Kapitel mit über dreißig Seiten und viele, viele Abschnitte in anderen Kapiteln allein Themen um den schwäbischen Sex gewidmet. Dabei beklagt er, dass die Schwaben verklemmt seien, verdorben durch den Pietismus, woran vielleicht etwas Wahres ist. Zum Beweis erzählt er nicht ohne Empörung, dass ein junger Mann zu einer Jugendstrafe »wegen Gewaltunzucht« verurteilt worden sei, weil er eine Rentnerin mit Gewalt ausgezogen habe, um einmal eine nackte Frau zu sehen.

**NEMMET MI!**

*Der junge Mann hätte das durchaus auch straflos haben können, denn willige Frauen gab es immer. Noch nicht einmal schlechten Charakter muss man ihnen nachsagen. So jener, die 1945 in Haigerloch, um ein junges Mädchen vor der Vergewaltigung zu bewahren, marodierenden Besatzern nachlief mit dem Ruf: »Nemmet mi ond lasset des Mädle laufa!«*

Über Rollbänkchen zur Schonung der Knie beim Putzen wurde früher als Zeichen schwäbischer Reinmachesucht (vgl. > *Kehrwoche*) gespottet. Heutzutage wird so etwas nicht nur ärztlich, sondern auch in Haus- und Modezeitschriften empfohlen, wird in Industrie und Handwerk eingesetzt und ist in jedem Gartencenter zu kaufen.

Derbe und Fäkal-Ausdrücke sind in der Umgangssprache heute nicht mehr ganz so häufig zu finden, dafür aber immer öfter in moderner Literatur und im Theater, wo sie werbestrategisch provozierend eingesetzt werden nach dem Motto: Hauptsache man spricht über uns. Besagte Worte sind daher weniger denn je einer bestimmten Mundart zuzuordnen.

Gogenwitze sind nicht mehr aktuell, nicht nur, weil es nur noch wenige Weingärtner in Tübingen gibt, sondern auch, weil diese seit sechs Jahrzehnten keine Professorenklos mehr leeren und den Mist nicht in der Butt den Wengert hinauftragen.

### JETZT SCHWÄTZT MR SO

Über die Bandbreite der Aussprache ist zu sagen, dass das »Schwäbisch« in manchen »Volksstücken« im Fernsehen mit dem von einem Theodor Heuss etwa so viel gemeinsam hat wie das Sächsisch von Walter Ulbricht mit dem von Harald Leibnitz. Ich halte mehr vom Heuss.

Mit anderen Worten, es ist Zeit, dass der aktuelle Schatz – also der aus der Zeit um die Jahrtausendwende – von unserem schönen Schwäbisch unter Verzicht auf Skurriles festgehalten wird. Denn unsere heimische Sprache, also unser Schwäbisch, ist als Basis des Hochdeutschen der Mühe wert. Sie ist sonst vom Aussterben bedroht, wird zurückgedrängt durch die zunehmende Vernetzung innerhalb Deutschlands und von oft praktischen und etwa genauso oft von unnötigen Anglizismen. Einige meiner Enkel können kaum schwäbisch, weil die Berufe ihrer Eltern stetes Reden in Schriftdeutsch erfordern. Sie werden außerdem beeinflusst durch Fernsehsendungen, Radio und Computersprache.

Dazu kommt, dass ihre ausländischen Mitschüler allesamt akzentfreies Schriftdeutsch sprechen, denn sie lernen nicht mehr von Arbeitskollegen wie ihre Großeltern und Eltern, sondern in der Schule die Sprache, mit der sich Türken, Italiener, Portugiesen und Russlanddeutsche hier im Ländle unterhalten.

### AM ANFANG WAR DAS WORT

Und zwar das in Mundart gesprochene – in vielen Mundarten. Aus denen hat sich in Deutschland über Jahrhunderte eine allgemein verständliche Ausdrucksweise entwickelt, in der sich Minnesänger und Kreuzritter, Mönche und Straßenräuber ihre Liebesschwüre und Grobheiten, Befehle, Witze und fromme Sprüche kreuz und quer durch deutsche Lande zugerufen haben.

**VORNEHM GESCHRIEBEN**

*In jener Zeit, in der bei der Telefonauskunft noch ein lebendiges Wesen am anderen Ende saß, erfragte ich einmal die Nummer eines Teilnehmers in Owen bei Kirchheim und gab mir viel Mühe, den Ortsnamen ganz deutlich auszusprechen. »Meinet Sie Aua?« fragte lustig das Fräulein vom Amt zurück. Man spricht nämlich in Owen richtig das, was man falsch schreibt in einer altdeutschen, einst wohl willkürlich gewählten Weise. (Aue bezeichnet als Flurname eine Grünfläche.)*

Bis dann Luther und Melanchthon – übrigens auch ein Schwabe – festgeschrieben haben, was wir gemeinhin Hochdeutsch nennen und was wir nach etlichen Versuchen und Reformen derzeit als Schriftdeutsch zu Papier und in unsere Computer bringen. Wenn wir also Mundart sprechen, sind wir bei den Ursprüngen. Wenn wir Hochdeutsch sprechen, bedienen wir uns der Gemeinschaftssprache als Konzession an den Wunsch und an die Notwendigkeit, auch mit Leuten von weit her zu reden.

## ALTE SCHREIBWEISEN

### Ganz nach Gusto

Worterklärungen und -ableitungen orientieren sich oft an Urkunden, die auf Befehl und im Namen von Menschen geschrieben wurden, die selbst nie schreiben gelernt hatten. Sie wurden zu Papier gebracht von Menschen, die Namen und Begriffe mangels verbindlicher Vorlagen nach eigenem Gehör und Gusto aus den verfügbaren Buchstaben zusammengesetzt haben, und die wohl manches Wort variiert haben, sei es aus Laune, aus Unsicherheit, auf Grund neuer Überlegungen oder auch nur aus Vergesslichkeit.

Von Fachleuten hört man sogar, dass die wunderschön auf Pergament geschriebenen Bücher oft von Menschen abgeschrieben wurden, die selbst gar nicht lesen konnten, also auch nicht verstanden, was die Buchstaben bedeuteten, die sie da sorgfältig malten. Abweichungen sind da nicht verwunderlich.

## Nach Tradition

Wer heute in Mundart schreibt, steht vor dem gleichen Problem. Der Rechberg sollte wohl früher einmal Rehberg heißen, denn er liegt beim Rehgebirge, das wiederum an den Asrücken grenzt, eine Landschaft, auf der jene Rehe früher wohl geäst (oder geast) haben. Die Auslegung alter Schriften kann leicht mit der von Gesetzestexten verglichen werden, die auch heute noch von Instanz zu Instanz geändert werden. Viele Schriften stammen jedoch von Gelehrten, deren Kenntnisse nicht angezweifelt werden können. So wie bei dem folgenden Auszug aus dem Markusevangelium, wie es 1430 in Regensburg, 100 Jahre vor Luthers Bibelübersetzung, in der Ottheinrich-Bibel, den ältesten illustrierten Evangelien in deutscher Sprache wunderschön von Hand geschrieben wurde, mit Text und Schreibweise der noch älteren Augsburger Bibel von 1350:

*Und ist geschehe an ainem Sabbat: da begund iesus leren in der Synagog. Da horten vil und wunderte sich in seiner lernung und sprachen. Von wan hat der daz alles. Und welhe ist die weishait die dem gegeben ist. Und sölich krefft die mit seinen henten geschechent. Ist der nicht dez schmids sun und marie sun, der pruder Jacobi und Joseph und Jude und Symonis. Und sein swestern sind sy nicht hie pey uns.*

Schon die wenigen Sätze geben Hinweise auf die Wandlungen der Schreib-, nicht unbedingt der Sprechweise seitdem: Kein »J« bei »Jesus«, kein »h« bei »lehren«, »Kräfte« einsilbig, mit »e« und zwei »f«. Ganz abgesehen davon, dass Jesu Vater, den wir als Zimmermann kennen, dort als Schmid (ohne »e«) bezeichnet wird. Kein »Sch« bei »Schwestern«, »sy« statt »sie« und viele andere Auffälligkeiten. So wird an anderer Stelle »kreuzigen« so geschrieben: »... daz sy in Cräwtzigten«.

## Nach Gehör

Die sechsjährige Anja spielt Hotel- und Restaurantsbesitzerin. Sie geht noch nicht zur Schule, denkt sich Bestellungen aus und notiert nach Gehör: RAMSOSE, SCHBEZLE, ZALAT (Rahmsoße, Spätzle, Salat).

## SCHWABEN GIBT'S IN ALLER WELT

Lassen wir einmal die gelehrten Disputationen zwischen Historikern, Etymologen, Volkskundlern, Altbadenern, Alemannen und Chaiben beiseite – bescheiden wir uns damit, der zentrale Kern zu sein aus dem Volksstamm der Sueben, der zu Cäsars Zeiten dort gelebt haben soll, wo man später Berlin gebaut hat. Was auch immer der Grund für den Umzug unserer Vorfahren gewesen sein mag, seien wir ihnen dankbar, dass wir darum nicht in der Streusandbüchse vom »großen Vadderland« wohnen, sondern in unserem Ländle, dem schönsten in ganz Deutschland.

### VERSTAND

*Wem Gott ein Amt gibt, gäb er au Verstand.*
*So moint a mancher hier em Land.*
*Doch wer sich omhört so em Leba,*
*Vernimmt zu manchem Fall ganz offa:*
*Des Amt häb gwieß dr Herrgott net vergeba,*
*Der wo des botsgat häb, war bsoffa.*

Die Zahl der sprachlichen Varianten der Menschen zwischen Alemannen und Pfälzern, Bayern und Franken ist reich und umfasst Idiome, die an all diese netten Nachbarn erinnern. Vieles klingt bei den Wengertern von Remshalden anders als bei den Gogen von Tübingen, die Bauern auf den Fildern sprechen ein bisschen anders als die Städter von Esslingen, sogar die Älbler von Blaubeuren anders als die Ulmer.

Eine einheitliche Aussprache gibt es ohnehin nirgendwo in deutschsprachigen Ländern. Das Sächsisch des Leipzigers klingt anders als das des Dresdners, das Rheinisch des Kölners anders als das des Düsseldorfers, und in Bern klingt weder Deutsch noch Schwyzerdütsch genau so wie in Basel, von Wien und Innsbruck ist schon gar nicht zu reden. Auch korrektes Schriftdeutsch hört sich in Berlin nicht so an wie in Bremen, Hannover oder Münster. Sogar die gepflegte Einheitssprache der Theaterbühnen verblasst zur Zeit vor lauter Modernismen, Anglizismen und Fäkalismen (neudeutsch: four-letter-words) von aktuellen Literaten.

Schwäbisch spricht man in Isny anders als in Heilbronn; und in Augsburg nicht wie in Stuttgart. Im Allgäu schimmert das Bayerisch des Alpenlandes durch, am unteren Neckar hört man fränkische, noch weiter abwärts pfälzische Einflüsse heraus. In Stuttgart glaubt man heute noch den Singsang der Residenzbewohner mit der gezierten Sprechweise bei Hofe zu vernehmen – *dia Stuagater kennet nex drfür* –, sie nennen sich selber meistens *Stuggarter* und lassen dabei die zweite Silbe melodisch ansteigen. Das klingt einfach vornehmer.

Nur auf der Alb, da spreche man originales, »echtes« Schwäbisch; bäuerisch und derb sei echt, behaupten manche. Das ist nicht nur fraglich, das stimmt überhaupt nicht. Erstens ist unsere herrliche Alb nur ein Teil vom Ländle und zweitens gibt es zwischen der Ostalb bei Aalen und dem Westteil bei Balingen große Unterschiede, und drittens kenne ich die Bauern anders. Abgesehen davon ist ihr Bevölkerungsanteil heutzutage sehr gering. Derbheit ist ohnehin nicht identisch mit Dialekt. Manche Gogenwitze sind zwar wirklich witzig, aber nicht typisch für die Tübinger. Sie entstammen früheren Jahrhunderten und mehr wohl den biergeschwängerten Köpfen übermütiger Studenten aus vieler Herren Länder.

Auch die Religion spielt eine Rolle. Es heißt, dass Herzog Ulrich, der die Reformation einführte, vor vierhundertfünfzig Jahren fromme Fachleute der neuen Religion aus den lutherischen Stammlanden Thüringen und Sachsen als Lehrer ins Ländle geholt habe, während die Grafen und Äbte in den katholischen Gebieten vielfach Männer aus dem schwäbischen Oberland einsetzten. Dort gab es keine Erbteilung und darum viele überzählige Söhne, die zur Aufbewahrung und

Versorgung in die Klöster geschickt wurden, wo man die Intelligenteren als Pfarrer und Lehrer ausgebildet hat. Die wurden dann in ihren bäuerlichen Familien als kleine Herren bezeichnet, ausgesprochen: *Heierle*. Diese Bezeichnung gibt es in der Schweiz auch als Familiennamen.

**DAS GEBET**

*eines frommen Schwaben endete allabendlich mit den gleichen Worten: »Ich bitt' au um d' ewige Seligkeit – aber pressiera tut's fei net.«*

Katholiken wie Protestanten haben neben Frömmigkeit und Weisheit selbstverständlich auch ihre Aussprache an die Schüler weitergegeben. Noch während meiner Schulzeit in den dreißiger Jahren konnte man an der Aussprache die Katholischen von den Evangelischen unterscheiden. Die einen gingen zum Herrn *Leerer*, die anderen zum Herrn *Lärer* in die Schule. Die Papisten sahen den *Zäppelin* am Himmel, die aus der Protestpartei den *Zeppelin*. Und die Eltern von den einen sorgten sich um deren *Seele*, die der andern um die *Sälen*.

Auch war allein an der Sprache zum Beispiel ein Uhinger noch leicht von einem Eislinger zu unterscheiden, sogar ein Großeislinger vom Kleineislinger. Denn bis zum Reichsdeputationshauptschluss von 1803 war man nördlich der Fils amtlicherseits katholisch, südlich evangelisch. Bis zum Jahre 1934 waren diese Unterschiede durch die Konfessionsschulen konserviert worden. Noch heute, also in der dritten Schülergeneration seit Einführung der Gemeinschaftsschule anno 1934, sind gelegentlich Anklänge an diese Unterschiede herauszuhören.

Flüche und Schimpfwörter sind überall gleich verbreitet, nur ihre Aussprache ist verschieden. Eigenständige schwäbische Wortschöpfungen auf diesem Gebiet sind nicht allzu häufig.

Überhaupt sind die meisten Worte eines Dialekts lediglich Nuancen solcher Worte, die überall in deutschen Landen vorkommen und als schriftdeutsche Worte gelten. Denn Luthers Schriftdeutsch ist aus den Dialekten gemengt und gefiltert worden, weil der weit gereiste Reformator dem Volk in ganz Deutschland aufs Maul geschaut hat. Man kann darum im Wörterbuch eines Dialekts auf manchen Ausdruck verzichten, weil der ganz ähnlich – und mit gleicher Bedeutung – auch im Duden steht.

**NET GRAD VIEL**

*Em Herrgott sei Armut en ma Schächtele, des ist älles, was die hent.*

## DIE SPRACHE LEBT

Eine lebende Sprache entwickelt sich, nimmt Neues auf und lässt nicht mehr Benötigtes in nostalgischen Wörterbüchern ruhen. Darum macht es Spaß, sich mit ihr zu beschäftigen. Der Reiz eines Dialektes liegt weniger in seinen Ursprüngen, obwohl die hoch interessant und enorm wichtig sind; das Schöne daran ist aber seine Erweiterung der Ausdrucksmöglichkeiten.

Die Herkunft und Entwicklung neuer Worte und Begriffe erleben und gestalten wir tagtäglich mit. Neue Gegenstände und Techniken bekommen Namen, mehr oder weniger geistreich aus Vorhandenem gefügt, so wie beispielsweise die nach ihrem Erfinder benannte und längst vergessene Montgolfiere nach ihrer Wiederkehr Heißluftballon genannt wurde. Etliche sind aus Lehnworten oder – international verständlicher – aus griechischen oder lateinischen Ausdrücken gebildet, wie Telefon und Radio. Manche wirken innerhalb weniger Jahrzehnte veraltet, sind vom Leben überholt, so wie die vielen weit verbreiteten oder auch nur regional verwendeten Bezeichnungen für die große Auswahl an Pferdewagen. Oder die vergessenen Fachbegriffe im Bereich der Eisenbahn, wie »Perron« und »Kondukteur«. »Telegraph« und »Telegramm« wurden abgelöst vom »Fernschreiber«, dem wiederum auch der internationale Ausdruck »Telex« nichts genützt hat, nachdem es »Telefax« gab, das schnell zum »Fax« geworden ist. Das wird jetzt seinerseits verdrängt von Internet, E-Mail, Handy und SMS – mit dem dazugehörenden Verb »simsen«. Simsen wiederum gab es vor wenigen Jahren nur am Haus und als Teil eines typisch schwäbischen Wortes, nämlich *Simsen-* oder > *Semsakrebsler,* eine Wortschöpfung, die in unsere Ursprache Schwäbisch eingedrungen ist.

Aber nicht nur die – manchmal – rasant fortschreitende Technik bringt neue Wörter und lässt sie wieder vergessen.

## ROASSBEEF UND REIGSCHMECKTE

Manches neue Wort ist offenbar aus Unkenntnis entstanden und in den Sprachgebrauch übernommen worden. Verballhornen und Küchenlatein sind die zugehörigen Begriffe. 1977 habe ich in einer Metzgerei zu Oettingen ein Schild fotografiert, auf dem »Roaßbeef« offeriert wurde. Das Wort hat sich nicht durchgesetzt, da mit ihm wohl kaum eine Hybridzüchtung von Pferd und Rind gemeint war.

Oft führt wohl auch eine Vermengung ähnlich lautender Worte verschiedener Herkunft zu einem neuen Ausdruck mit breitem Anwendungsbereich, wie das am Beispiel der Wortgruppe > *Bossa* bis > *botsga* deutlich wird.

Dem Begriff *»es haglet Schlosserbuba«* liegt wohl kaum die Vorstellung zu Grunde, es fielen da mehr oder weniger kleine Menschen aus den Wolken. Aber in nördlicheren Gefilden nennt man die großen Hagelkörner »Schlossen«. Es hagelt Schlossen wurde wohl von einem Witzbold eben mal umgewandelt und anderen hat das so gefallen, dass man es bei entsprechendem Wetter allenthalben hört.

Spontane Wortbildungen gehen außerdem oft in den Sprachschatz einer Familie oder Region ein, ähnlich den kulinarischen Spezialitäten, die in einer Stadt die Auslagen von Bäckereien und Konditoreien zieren. Denken wir – um im Ländle zu bleiben – an Reutlinger Mutscheln, Reutlinger Pasteten, Ulmer Spatzen oder das »Eingenetzte«, ein Brot, das vorwiegend in der Gegend von Göppingen zu finden ist.

Etliche Wortschöpfungen und Wendungen brachten im und nach dem Zweiten Weltkrieg die > *Reigschmeckte,* wie die zahllosen Flüchtlinge aus Norddeutschland und Osteuropa – damals recht abwertend – genannt wurden. Heute gibt es das Wort immer noch, aber man benutzt es nur noch im Scherz.

## WIR KÖNNEN ALLES. AUSSER HOCHDEUTSCH.

Natürlich kann man über diesen Werbespruch verschiedener Meinung sein. Als echter Schwabe bin ich es auch: dafür und dagegen. Der Spruch erregt Aufmerksamkeit und relativiert gleichzeitig die Arroganz, die in den ersten drei Worten liegt. Bleibt die Frage, ob er stimmt.

Schwaben und Hochdeutsch – da denkt man an Vereinsvorstände und Politiker im Fernsehen, an schwerfällig aneinander gereihte Silben, wie Bausteine aus dem Sprachlabor. Soweit das Klischee. Für die Mehrheit der Schwäbischsprechenden gilt das nicht. Denn liegt der schwäbische Klang wie eine wertvolle Patina über der korrekten Aussprache, klingt das souverän und weckt Sympathie.

### ES WÄR SAUDUMM

*1950 – Nürburgring. Auf der Tribüne würdigen Prominente mit Festreden und Erinnerungen die Rückkehr Deutschlands in die internationale Sportwelt. Zuletzt kommt noch der Herr Bundespräsident. Mit sonorer Stimme und freundlichem Schwäbeln beginnt er: »Jetzt haben wir aus berufenem Mund so viel zu internationaler Politik und zum Motorsport gehört, dass es saudumm wäre, wollte ich auch noch etwas dazu sagen.« Zwei Minuten später begann das Rennen.*

Wir Schwaben sind weltoffen, sind schon immer in Verbindung mit Menschen aus aller Herren Länder, die meisten sprechen ein mehr oder weniger – manche sogar ein absolut – akzentfreies Hochdeutsch. Das ändert jedoch nichts an jener Sprechweise, in die man verfällt, wenn es im kleinen Kreis gemütlich wird und ganz *leschär* zugeht. Wir hinterlegen dann unser Schriftdeutsch nicht ungern mit leichtem Schwäbeln, das schafft eine freundliche, eine heimelige Atmosphäre, gerade im Gespräch mit Menschen aus anderen Gegenden. Dieses Hinterlegen der Sprache mit Anklängen an den

Dialekt des Sprechenden gibt es überall. Es wirkt besonders verbindlich gegenüber den norddeutschen Dialekten. In meinem früheren Betrieb mit vielen weltgewandten Kunden aus der Modebranche sorgte ein munteres »Grüß Gott« am Telefon gleich zu Anfang für eine freundliche Gesprächsatmosphäre.

## ÜBER DIE FREIHEIT DER AUSSPRACHE

Ich glaube, am besten zurechtzukommen, wenn ich als Richtschnur die Aussprache im Raum zwischen Tübingen, Ludwigsburg, Schwäbisch Gmünd und Ulm nehme, also im Herzstück unseres Ländles, wo ja auch weitaus die meisten Schwaben wohnen. Die Landkarte lässt sich schon so auslegen.

Beginnt man aber, schwäbisch zu schreiben, stellt man fest, dass man selbst beim Sprechen unbewusst mehrere Varianten für ein und dasselbe Wort benutzt. Die Schreibweise des Schwäbischen kann darum nicht einheitlich sein. Es gibt keinen Schwäbischen Duden. Wie schön!

Doch wenn einer aus Ebingen und einer aus dem Remstal zusammensitzen, reden sie unter Verzicht auf regionale Spezialitäten ein Schwäbisch, das beide sehr gut verstehen. Diese Art liegt dem folgenden Wörterbuch zu Grunde.

Warum das wichtig ist, veranschaulicht folgendes Beispiel möglicher Aussprachen:

Schriftdeutsch:
*Ei, kleiner Freund, schlage ein Ei ein für ein kleines Ochsenauge und bringe es mir.*

Schwäbisch in allgemein verständlicher Form:
*Ei, kleiner Freind, schlag oi Ei ei für a kleis Oxaäugle ond breng mr des.*

Lautgerecht, passend für Göppingen (evangelische Aussprache):
*Ei, kloener Fraend, schlag oe Oe ei fir oe kloes Oxaaegle ond breng mr des.*

Das Problem bei einer Sprache ist nicht die Frage, wie man einzelne Buchstaben oder Buchstabenfolgen ausspricht, sondern umgekehrt, wie die Menschen sich geeinigt haben, das, was sie beim Reden meinen, allgemein verständlich und durch die Schrift transportabel zu machen.

Die Philologen sind gescheite Leute, die sich mit Sprachen beschäftigen. Es sind Leute wie Shaws Professor Higgins in »Pygmalion«, den seit dem Musical »My fair Lady« jeder kennt. Verzweifelt fragt der, ob denn keiner die Kinder lehren könne, wie »man« spricht. Er hat den allbekannten Zeichen des Alphabets noch ein paar Dutzend Geheimzeichen beigefügt, so schlimm wie die Bedienungsanleitung für einen Videorecorder oder ein Hammer auf dem Daumen. Warum eigentlich sollten die armen Kinder Albions das Reden im Gleichtakt lernen? Geben Sie Redefreiheit, Sire!

Ausgehend von der Tatsache, dass zuerst das gesprochene Wort da war und das geschriebene der persönlichen Einschätzung des Schreibers – und erst viel später einer Übereinkunft – unterworfen wurde, schreibe ich Schwäbisch ohne Verzierungen mit Strichlein, Ringeln oder Dächlein. Anders als beim Verfasser von »Higgins Universalalphabet«, der darin ein Künstler war.

**METAMORPHOSE**

*Dr Hochzeiter schwärmt no vom Schwanahals von seiner Braut, zehn Jahr später aber schempft r auf sei Alte ond dere ihren Gaskraga.*

### EXKURS: WORTRHYTHMUS

Zur Wortkombination *Gaskraga* muss man wissen, dass *a Gas*, mit lang gezogenem *a* wie in »Bahnhof«, für »Gans« steht; *a Kraga* ist ein Kragen, seine Endsilbe »en« wird, da Einzahl, zum »a«. Das Ganze steht für »Gänsehals«; denn der schwäbischen Zunge würde es schwer fallen, *Gashals* zu sagen; diesem Wort würde der Rhythmus fehlen. Darum wird der einsilbige »Hals« durch den zweisilbigen »Kragen« ersetzt, auch wenn der Schwabe sich bewusst ist, dass eigentlich der Kragen ein textiles Gebilde ist, das um den Hals herum liegt. Manchmal geht halt Schönheit vor Korrektheit.

Im Gegensatz zum Schriftdeutschen, wo Singular und Plural gleichermaßen »Kragen« heißt, sagt der Schwabe deutlich *Kräga*, wenn er klagt, dass seine Hemden oben zu eng seien. Oder die Schwäbin bei ihrem Rezept für die Fülle der Weihnachtsgans. Da kommen nämlich die *Gäskräga* mit hinein.

Beim zoologisch verwandten Schwan wird zunächst das »n« weggelassen. *»Dr Schwa goht ens Wasser.«* Keiner geht aber *»in da Schwa«* zum Mittagessen, sondern *»en da Schwana«*. Auch zum Hals erscheint das »n« wieder, zusammen mit einem zusätzlichen »a«: *Schwanahals*.

Wer jetzt den Finger hebt und sagt, aber in *Gasschmalz* – das ist der leckere Brotaufstrich, der dick macht – gelte das nicht, hat, Hochdeutsch gesehen, zwar Recht. Aber die Aufeinanderfolge von »s« und »sch« zwingt ohnehin zu einem Absatz in der Aussprache, der den Rhythmus wahrt.

**KOSTENFRAGE**

*»I heirat amal a Schöne, die isst au net meh als wie a andere.«*
*»Denk dra, 's ist älleweil a Kostafrag. Bei de selle muest drvor meh investiera.«*

## DIE AUSSPRACHE IM EINZELNEN

### Die Vokale

Im Schriftdeutschen gibt es fünf Grundvokale, dazu drei Umlaute: a – e – i – o – u – ä – ö – ü.

Im Schwäbischen gibt es dazwischen wie bei den Farben viele Misch- und Zwischentöne. Der »Regenbogen« schwäbischer Vokale – 10 sind es – geht so: ü - i - e - e - ä - a - a - a - o - u.

**AUSSPRACHEBEISPIELE AUS DER HOCHSPRACHE UND AUS DEM SCHWÄBISCHEN**

| | | |
|---|---|---|
| 1) > ***ü*** < wie in | Übel (eher »i« mit leichter Färbung zum »ü«) | *Tüftler* |
| 2) > ***i*** < wie in | Interesse | *intressiert* |
| 3) > ***e*** < wie in | Esel | *Öfele, Höfle, Äpfel* |
| 4) > ***e*** < wie in | gern | *ebber* |
| 5) > ***ä*** < wie in | Ähren | *Bretzg* |
| 6) > ***a*** < wie in | Absatz | *arg, arraschiera* |
| 7) > ***a*** < wie in | (Laut zwischen »a« und »e«, ähnlich dem engl. unbestimmten Artikel »a«) | *Spätzla, botsga* |
| 8) > ***a*** < wie in | (Laut zwischen »a« und »o«, leicht nasal gesprochen) | *Schwab, Schaf* |
| 9) > ***o*** < wie in | Ofen | *oagnehm* |
| 10) > ***u*** < wie in | Unfug | *Ofug* |

Wenn wir die Vokale mit Zahlen versehen wie oben, lässt sich zeigen, dass im Wort *Schwabaland* beispielsweise drei Varianten des »a« vorkommen (8–7–6), während im Wort *Ebene* dreimal das klare »e« (3–3-3) zu hören ist. Würde man zu jedem Wort die Ausspracheziffern dazu schreiben, wäre das allerdings *oagnehm* (10–8–3).

Den Zwischenlaut zwischen »a« und »o« wie in *Schwab* oder *Gog* schreiben wir nach der Herkunft des Wortes, denn die Aussprache ändert sich ohnehin alle paar Kilometer. *Schwoba* – mit einem »o« wie in »Most« – sagt man höchstens »unter der Dachtraufe« – in sehr peripheren Gegenden. *Na* (8) im Sinne von »dann«, *da* (8) im Sinne von »darum«, *hat* (8) und ähnliche Kurzformen werden meist mit einem Zwischenlaut gesprochen, der näher beim »o« liegt. Dagegen: *na* (6) = hinab, *no* (9) = noch, dann, *na* (8).

»U« kommt so gut wie gar nicht vor, denn was in Hochdeutsch mit »u« gesprochen und geschrieben wird, klingt in Schwäbisch nach »o« oder »ao.«

Ein hochdeutsches »ö« wie in »Ödipus« wird schwäbisch stets »e« gesprochen (wie in »Ebene«): *Ofa – Efale, Hof – Hefle*; trotz dieser Aussprache werden diese Worte im Folgenden jedoch in Anlehnung an die Rechtschreiberegeln und zum besseren Verständnis mit »ö« geschrieben: *Öfale, Höfle.*

**SCHLEMM OND A SCHAND**

*»Die send ja so arm. Bei dene kommet d Mäus mit verheulte Auga d Behnetrepp ronter.«*

**Die Endsilben »en«, »er« und »el«**

»en« am Ende kommt hauptsächlich beim Plural (z.B. Linsen) und bei Tätigkeitswörtern vor: schreiben, sehen, laufen und so weiter. Beim Sprechen ziehen wir das im Schwäbischen zusammen zu einem kurzen »a« (s. S. 24, Aussprachebeispiel 7). Wenn wir Dialekt schreiben, verwenden wir dabei den Buchstaben »a«, also *schreiba, seha, lesa* oder *Linsa.* Die Endsilbe »er« wird lediglich als »r« gesprochen wie bei *Erbsazählr.* Von der Endung »el« wir nur das »l« gesprochen: *Buckl* statt Buckel.

**Die harten Konsonanten**

»Wil Japanel haben auch ein L. Abel wil splechen es andels aus«, erwiderte selbstbewusst lächelnd meine Dolmetscherin in Tokyo, als ich sie wegen ihrer Aussprache des deutschen R ein wenig hänseln wollte. Recht hatte die zierliche Schönheit – es war nur an mir gelegen, mein Ohr hat das eben subjektiv nur so aufgenommen, wie es oben steht.

Und darum stehen hier ein paar Zuhör-Regeln:

Da ist zunächst das Problem mit den Konsonantenpaaren »b – p«, »d – t«, »g – k«. Gegen die Behauptung, wir Schwaben würden das nicht unterscheiden, wehre ich mich mit dem Argument jener Japanerin. Wir sprechen diese Mitlaute halt anders aus. Man muss nur genau hinhören. Wenn ein Teich durch einen Deich begrenzt wird, hat das mit dem Denkapparat verbundene Ohr des Schwaben kein Problem mit dem Satz: *Mr sott da Deich höher mache, dass mr meh Wasser en da Teich neilassa könnt.*

Allerdings verwenden wir das Wort »Teich« nicht gerade häufig, weil jedes stehende Gewässer, auf dem ein flacher Kahn fahren könnte, für uns ein See ist. Und ein Kahn wird normalerweise als Nachen, wenn nicht gar als Schiff bezeichnet.

*Gaskraga*, unser Wort für »Gänsehals«, wird zwar mit deutlich unterscheidbaren Versionen von »g« und »k« ausgesprochen, aber der Norddeutsche muss schon aufpassen, dass er das auch merkt.

### Umlaut, Diphthong und Doppellaute

Häufig kommen die Lautfolgen »i-e«, »u-e« und »ü-e« vor. Hier steht einfach »ie«, »ue«, »üe«, weil in unserer Gegend beide Vokale getrennt gesprochen werden. (Fünfzig Kilometer weiter klingt es vielleicht schon wieder anders.)

#### SCHLECHT HÖRA KÖNN R GUAT...

*...sagt gern man über ältre Herrn. Doch in Wahrheit waltet wacker wohlige Weisheit: Geistig gesunde Glieder gereifter Generationen geben sich gar nie gelangweilt – glücklich genießend die Gnade geschwächten Gehörs zu Gunsten eigener Gedanken.*

### sp und st

Bei uns Schwaben sind die Steine genau so spitzig wie in Hannover, aber wir sprechen sie anders aus, ähnlich wie die Rheinländer, die Sachsen, die Bayern oder die Hessen, nämlich mit dem breiten weichen Laut, für den man im Wort »schwäbisch« die drei Buchstaben »sch« verwendet. Also »scht« und »schp«. Das ist hinlänglich bekannt und darum liegt kein Grund vor, bei der Niederschrift von Dialektausdrücken diese Anlaute anders zu schreiben als in der Hochsprache, also etwa »ischt« zu schreiben anstatt »ist«.

Man schreibt also keineswegs »Schbätzla«, wenn man unser Nationalgericht meint. Man schreibt »Spätzla«. Schwaben trinken »Moscht« oder, je nachdem, wie es in ihrem Heimatdorf der Brauch ist, auch »Mooscht«, aber sie schreiben das Wort mit einem »o« und mit »st«. Es käme ja auch keiner auf die Idee, nach Hause zu schreiben, dass er seine Mahlzeit im »Schbeisesaal« eingenommen habe. Denn jeder weiß, dass dieses Wort allgemein nicht in der Sprechweise von Hannoveranern ausgesprochen wird: S-peise.

Und nicht nur bei uns hört es sich etwas belustigend an, wenn sich Politiker im Fernsehen bemühen, in Anlauten ein scharfes »st« oder »sp« zu sprechen, besonders, wenn der eigene Name mit einer solchen Buchstabenkombination beginnt, die oder der Gute sich also von Kindesbeinen an ganz normal mit »Speiser« vorgestellt hat und sich plötzlich »S-peiser« nennt.

**»dere ihre Brüstla«**

Außerdem können wir uns auch ohne die Einfügung unzähliger »ch« den Satz eines Tübinger Professors vorstellen, der – und hier sei, da wörtlich aus mehreren »Schwabenbüchern« übernommen, ausnahmsweise diese ansonsten abgelehnte Schreibweise zitiert (jeder schriebs vom andern ab): *»Das Schönschte und Edelschte, was die plaschtische Kunscht geleischtet hat, ischt der Bruschtkaschta von der Medicäische Venus.«*

Ich lasse es dahingestellt, ob der Herr Professor die »st« so breit ausgesprochen hat. Aber als Schwabe mit Sinn für Schönheit hat er bestimmt nicht vom »Brustkasten« der Venus geredet, sondern eher von *dere ihre Brüstla.*

Mit diesem schönen Wort kommen wir zu einer Feinheit, die nur unsere Sprache hat: dem schwäbischen Diminutiv. Der ist von einer Wandlungsfähigkeit, wie man sie anderswo nicht wieder findet.

# A BISSLE GRAMMATIK

## -LE – DAS FEINSTE VOM SCHWÄBISCHEN

Bei unserem Paradewort »Spätzle« demonstrieren wir: »-le« ist die Verkleinerungsform für alles, ähnlich dem »-chen« in der Hochsprache oder dem ganz ähnlichen »-lein« im Fränkischen.

Aus dem »Spatz« wird *a Spätzle*, aus dem »Schatz« *a Schätzle*. Beide Begriffe werden nochmals eine Rolle spielen, wenn wir uns mit die Mentalität der Schwaben befassen.

Die Lautumwandlungen, also die Diphthongierungen im Wort, entsprechen meist den Gepflogenheiten der Hochsprache: Aus Haus wird Häuschen – *Häusle*, aus Schatz wird Schätzchen – *Schätzle* und aus dem einsilbigen Hof wird *a Höfle*; aber aus dem Ofen wird kein Öfle, sondern *a Öfele*. Das hängt mit dem feinen Sprachgefühl der Schwaben zusammen, auf das wir unter dem Kapitel »Wortrhythmus« schon hingewiesen haben.

**ADAMS TRAUM**

*A Schläfle dät mir tauga, / A Ruhele dät mir wohl, /*
*Mir blenzlet scho dia Auga, / Dr Kopf, der isch mr voll; /*
*I will me gau recht strecka, / Gottvater kommt erst spat; /*
*Der wird me no scho wecka, / wenn r gnuag gessa hat.*

(So singt der Adam in: Sebastian Sailer, Die schwäbische Schöpfung.)

## DIMINUTIV UND DIMINUTIVLE

Geradezu ein Paradebeispiel für Feinheiten im Schwäbischen ist das Wörtchen *bissle*. Auf Hochdeutsch sagt man zu einem kleinen Bissen, zum Beispiel von einem Stück Kuchen, »ein Bisschen«. Dieses Wort wird auch im übertragenen Sinne verwandt für »wenig«, dann schreibt man es klein: »ein bisschen«. So sagt man zum Beispiel: »Komm doch ein bisschen näher«. Auf Schwäbisch: *Komm a bissle her.*

Hierzulande aber gibt es sogar noch einen kleinen Bissen von einem Bissen, dem *bissle* folgt ein *bissele*. Die Schwäbin sagt zu ihrem Kind: *Komm amal a bissele her.* Oder er ruft seine Nachbarn an und fragt: *Kommet r no a bissele rom zom a Viertele?*

Dieses Diminutivle ermöglicht also eine viel elegantere Ausdrucksweise.

Doch selbst vom Diminutivle gibt es noch eine Verfeinerung. Dann spricht man nicht nur von einem *bissele*, sondern von einem *bitzele*.

| EINLADUNG |
|---|
| *Essat ond trenkat ond schiebat au ei!* |

## -LE UND -LA – DIE FEINHEITEN IM PLURAL

Im Gegensatz zur Hochsprache gibt es im Schwäbischen eine Pluralform für den Diminutiv. In der Einzahl wird das »e« von »le« ausgesprochen als »e«, wie in »Ende«, in der Mehrzahl wird das »a« von »la« ausgesprochen als kurzes »a«, wie im englischen unbestimmten Artikel »a«.

Als Gericht kommen *Spätzla* nur in der Mehrzahl vor. Wenn aber ein *Spätzle* vom Teller gefallen ist, spricht man es mit »e«.

Bei nachstehender Reimerei stimmt *ebbes et*:

*Spätzla schaba, Spätzla scherra –*
*d Baura meget's ond au d Herra...*
*Ond dr Ma sait: »O, liebs Schätzle,*
*I mag di ond deine Spätzle.*

Würde der Mann bloß *ein gotzigs Spätzle* essen, wäre das kein Kompliment für die Köchin, geht aber der Dank gleich an *a paar Schätzla*, ist es der Frau vielleicht gar nicht so recht.

Ein *Spätzle* ist ein Vogel, genau wie *a Schätzle* ein Einzelwesen ist. *Spätzla* aber sind zum Essen da, und *Schätzla* bloß zum Angucken. *Spatza* – also Sperlinge – können eine Landplage sein, wenn sie im Kornfeld sitzen, *Spatza* sind aber ein Hochgenuss mit Linsen oder mit Kartoffelschnitz.

## MÄDLA AUF BÄNKLA

Bei uns ist *a Mädle* ein Einzelstück, *Mädla* ohne Artikel sind wenigstens zwei. Damit sind wir Schwaben deutlicher als andere, bei denen ein Mädchen gleich klingt wie drei Mädchen. Folgender Satz in einer Bildbeschreibung ist unklar: »Mädchen auf Bänkchen«. Bedeutet er »Ein Mädchen auf einer Bank« oder »Mehrere Mädchen auf mehreren Bänkchen«? Klarheit würde außerhalb vom Ländle nur einer dieser langen Sätze schaffen.

Wir Schwaben sparen bei gleicher Klarheit sechs von elf Silben und sagen: *»Mädle auf Bänkle«* oder *»Mädla auf Bänkla«*. Das ist die berühmte schwäbische Sparsamkeit, eben die mit Sinn und Verstand. Wir sind halt *intressiert – an Mädla ond am Spara.*

### DOKTERA

*Beim Gang durchs Dorf grüßt du den Mann, dem es geht schlecht:*
*»Wie goht's denn so?« – »Mr doktered halt.«*
*»Besser als nemme«, sagst du scheinbar kalt.*
*Der Mann vergißt den Schmerz und lacht:*
*»Do hend se recht.«*

## SÖNNALA OND SCHNUCKALA

Aber das Allerbeste kommt noch: Wir können nicht nur Hauptwörter und Eigenschaftswörter verkleinern – nein, wir verkleinern bei Bedarf sogar die Verben. Wenn *a Kätzle* sich in die erste Frühjahrssonne legt, dann *tut sich des sönnala*, weil es noch nicht reicht, um sich richtig zu sonnen. Und wenn die Sonne untergegangen ist, können wir uns wärmen: dann tun wir nämlich *bei ebber naschnuckala*. Dafür gibt das Wetter allemal Anlass, wie das Liedchen besingt:

*Schatz bleib da, du weißt ja et wie s Wetter wird,*
*Schatz bleib da, du weißt ja et, wie s wird.*
*S ka regnala, s ka schneiala, s ka kitzabohnala,*
*Schatz bleib da, du weißt ja et, wie s wird.*
*Schatz bleib da, wer da bleibt ka au schnuckala,*
*Schatz bleib da, wirst seha, wie schö des wird.*

Wie man sieht, lässt sich sogar dem Schlimmen eine niedliche Seite abgewinnen, denn *kitzabohnala* ist gleichbedeutend mit *mordsmäßig hagla.*

Im vorstehenden Gedicht wird von einem Schatz gesprochen. Meistens sagen wir aber *Schätzle.* Und wenn wir ganz lieb sein wollen, sogar *Schätzele.* Zärtlicher geht's nimmer. Ein Männerchor klagt sogar unisono, er habe kein *Schätzele mai. Wo ist's au bloß na, des Mädele?*

Und sogar den Ausdruck des Schmerzes gibt's in zärtlicher Verkleinerung: *Auale!*

**DR BLITZ**

*»Du naglest ja wie dr Blitz!«, hat dr Zimmermann zum Lehrling gsagt, »der trifft au selta de gleich Stell nomol.«*

## MEHRZAHL

Die Bildung der Mehrzahl geht im Schwäbischen meist mit der Pluralbildung im Schriftdeutschen einher; es wird sich aber in der Folge zeigen, dass es auch ein paar Ausnahmen gibt. Ein Schwan ist *a Schwa*, zwei Schwäne sind *zwoi Schwä*, zwei Gänse sind *zwoi Gäs*, beides mal wird das »ä« in manchen Landesteilen ausgesprochen als langes »ä«, oft auch als »e«, wie in »Schnee«. Ein Hof ist *a Hof*, zwei Höfe sind *zwoi Höf*, auch hier wird das »ö« oft ausgesprochen wie »e« in »Schnee«. Diese Beispiele zeigen, dass es von Vorteil ist, die Schreibweise bei Wiedergabe des Dialektausdrucks im Zweifel an der Schriftsprache auszurichten. Wenigstens weiß man dann, was gemeint ist. Die weiter oben beschriebenen Aussprachehilfen werden insgesamt äußerst sparsam angewendet. Schwäbisch schwätzen muss man selber können.

Interessant ist übrigens, dass es in der Hochsprache nicht »Gansschmalz« heißt, sondern »Gänseschmalz«, nicht »Schweinschmalz«, sondern »Schweineschmalz«, ungeachtet der Tatsachen, dass jeweils ein handelsübliches Töpfchen davon bestimmt nicht von mehreren Tieren stammt. Hierzulande heißt es logisch richtig *Gasschmalz* und *Sauschmalz*.

**EBBES FEHLT EMMER**

*Der Dorfpfarrer fragt einen seiner ewig jammernden Bauern, bei der prächtigen Kartoffelernte könne es doch wirklich nichts zu klagen geben. »Oh je, Herr Pfarrer, hent Sie a Ahnong. Da drfür fehlet die kloine gnitze Krombira für d Säu.«*

## KONJUGATION

Fangen wir an mit der Konjugation. In der Schule haben wir die Grundformen gelernt: Präsens, Perfekt, Imperfekt, Plusquamperfekt, Futur und Futurperfekt; auf Deutsch: Gegenwart, unvollendete Gegenwart, Vergangenheit, Vorvergangenheit, Zukunft und zweite Zukunft. Von all diesen Formen gibt es noch den Konjunktiv, die Möglichkeitsform.

Im Schwäbischen gibt es nichts Unfertiges, darum auch keinen Imperfekt. Und was die Zukunft bringt, weiß man heute noch nicht sicher, darum gibt es die Zukunft meist nur im Konjunktiv. Das Plusquamperfekt wird sehr häufig und richtig angewandt.

Fünf Zeiten in einem Satz, wie sie korrekt von jeder Hausfrau angewandt werden:

*Grad han i d Wäsch aufghängt ghett,*
*na hats agfanga mit regna.*
*aber jetzt scheint d Sonne wieder,*
*no müesst se bald trocka sei,*
*bis mr gesse werde hent.*

### Der Konjunktiv

Das ist die Form, wenn man sollte oder vielleicht auch nur wollte. Auf Schwäbisch heißt das *mr sott* oder *mr wellet*. Wobei wir wieder auf eine Besonderheit stoßen:

Wenn es heißt *mr sott*, dann meint man, »die anderen sollen gefälligst...«.

Sagt man aber *mr wellat*, so meint man: »ich will«!

Der schriftdeutsche Konjunktiv lautet: Würde es nicht gerade regnen, würde ich einen Spaziergang machen. Bei uns aber tut es regnen und wir tun etwas tun: *mir dent ebbes do*. Das obige Beispiel lautet daher auf Honoratiorenschwäbisch: Wenn es nicht gerade regnen täte, täte ich spazieren gehen. Schwäbisch machen wir's kurz: *Täts et grad regna, tät e draussa romlaufa.*

> **DR BREZGAPREIS**
>
> *Zur Sache mit dem Konjunktiv gibt es die kleine Geschichte aus alter Zeit, in der dort, wo heute von Solidarität die Rede ist, das Wort Kameradschaft verwendet wurde. Damals hat ein Innungsobermeister in seinem schönsten Hochdeutsch gefordert: »Kamerada, mir sotteten zusemmenhalten, bis dass a Brezg zea Pfenning kostet.« Die Wirkung dieses Aufrufs hat nicht unter den Mängeln der Grammatik gelitten.*

Im Folgenden einige Beispiele für konjugierte Verben:

### ARBEITEN (SCHAFFA)

Die Gegenwart
*i schaff, du schaffst, er/sui/es schafft*
*mir schaffet, ihr schaffet, die schaffet*

Die Vergangenheit
*i han gschafft, du hasch gschafft, er/sui/es hat gschafft*
*mir hent gschafft, ihr hent gschafft, die hent gschafft*

Die Zukunftsform lautet hier nicht etwa, *am Samstag werd e arbeita*, sondern: *am Samstag muess e schaffa.*

Das heißt aber keineswegs, dass man anderen gegenüber dazu verpflichtet ist. Solange es eine unerledigte Arbeit gibt, *muess mr halt schaffa.* Man ist halt immer in der Pflicht – vielleicht vom Pietismus her. Dem Schwaben ist daher auch das Wort aus Lessings »Nathan der Weise« unverständlich: »Kein Mensch muss müssen«. Lessing kannte wohl die Schwaben nicht. In denen steckt gewissermaßen der »Kant'sche Imperativ«: *Die müsset immer.* Darum hieße der Spruch des Weisen auf Schwäbisch: »*Koi Mensch sott müsse müesse.*« Das wäre realistischer als jener Indikativ, der eine jederzeitige eigene Einflussnahme auf das Schicksal unterstellt, indem er vorgibt, es gäbe keine Zwänge.

*I muess schaffa, du muesst schaffa, er/sui/es muess schaffa*
*mir müesset schaffa, ihr müesset schaffa, die müesset schaffa*

Man sieht an diesem Beispiel, dass »muss« ein klarer Zukunftsaspekt ist, und dass Zukunft und Pflicht untrennbar verknüpft sind.

**GEHEN (GANGA)**
Die Gegenwart
*i gang, du gohst, er/sui/es goht*
*mr ganget, ihr ganget, se ganget*

Die Vergangenheit
*i ben ganga, du bist ganga, er/sui/es ist ganga*
*mr send ganga, ihr send ganga, se send ganga*

Die Zukunft
*da muess e ganga, da muesst ganga, da muess er/sui/es ganga,*
*da müsset mr ganga, da müsset er gange, da müsset die ganga*
Das Wörtchen *da* (»dann«; mit »a« wie in *Schwab*) transponiert den Satz hier explizit in die Zukunft. Die gleiche Funktion hat übrigens auch das Wörtchen »*na*« (= nachher; mit »a« wie in *Schwab*), vgl. »tun (*do*)«.

Das im Schriftdeutschen übliche Hilfszeitwort »werden« wird nur im Konjunktiv der Zukunft verwendet:
*i werd ganga müessa, mr werdet (wohl) ganga müesse,*
*no müesset r ganga*

### TUN (DO)

*Do* ist nicht immer Lateinisch. Es kann auch Schwäbisch sein. Dann steht es sowohl für »tun« als auch für »da« bzw. »dort«. *Do* (= tun) wird oft auch als *doa* oder *dua* gesprochen.

Gegenwart
*i due, du duest, er/sui/es duet,*
*mir dent, ihr dent, de selle müesset*

Zukunft
*i muess, du muesst, dr sell muess aber au (ebbes do)*
*mir müsset, ihr müsset erst recht, de selle no viel mai!*

Konjunktiv
*i sott, du sottest, dr sell sott (des doa)*
*mr sotta, ihr sottet, se sottet*

Zukunft Konjunktiv
*na sott e, na sottst du, na sott r*
*na sotta mer, na sottet er, na sottet se*

#### HABA – HAN – HAO

*Der Schlosspark des volkstümlichen letzten württembergischen Königs war für jedermann offen und demgemäß fühlte sich auch jedermann für dieses öffentliche Eigentum verantwortlich. (Das waren gute Zeiten damals – ha no!)*

*Als ein guter Bürger im Gehrock und mit Böller beobachtete, wie ein Besucher sich in verdächtiger Weise hinter einem Busch niederließ, folgte er würdigen Schrittes demselben, tippte ihm mit seinem Silberstöckchen auf die Schulter, wies auf das dampfende corpus delicti hin und sprach: »Hallo, Sie da, was Sie da gmacht habet, möcht unser Herr König fei net haba.« Worauf der andere erwiderte: »I will s au et han, wellet Sie's vielleicht hao?«*

## ZUSAMMENZIEHUNGEN

In Fragen und manchen gängigen Ausdrücken können Verb und Pronomen der schnelleren und vor allem sparsameren Aussprache wegen zusammengezogen werden:

*Ben i, bist du, ist er, ist se, ist's*
*semmer, senner (oder sendr), sense?*

»Wenn ich«, »wenn du«, usw. lautet dann:
*wenne, wennda, wenner, wennse, wenn's*
*wemmer, wenner, wennse*

Der Höhepunkt beziehungsweise *s i-Dipfele* ist die Wendung »wenn man mich«: *wemmerme.*

KONJUNKTIV

*Wemmerme bloß lassa dät wie i gern möchta dät, na däte sogar ebbes do.*

## DIE HAUPTWORTE

Die Deklination hat in der Hochsprache die Fälle Nominativ, Genetiv, Dativ, Akkusativ und Ablativ – wer, wessen, wem, wen, von wem.

### Genitiv-Ersatz

Trotz unserem Sinn für Wirtschaftlichkeit meiden wir Schwaben den kurzen und prägnanten Genetiv und ersetzen die Wendung »Heiners Haus« durch das umständliche *Dem Heiner sei Haus*, also durch einen Begriff mit Dativ, oder durch *Des Haus vom Heiner*, das wäre Ablativ.

Manchmal geht es aber auch kürzer, etwa bei einem schwäbischen Akkusativsatz mit der Präposition »für«. Ein Beispiel zeigt die Geschichte von dem Bauernbuben, der sich in der Schule entschuldigte mit den Worten: »*I han dr Katz melka müssa.*« – »Katze ist weiblich«, verbesserte der Herr Lehrer und verordnete: »Schreib zehn mal: Ich habe die Katze melken müssen.« – »*Aber noi,*« wehrte sich der Bub, »*gmolka han i doch d Goiß, dass a Milch do ist für dui Katz. Dui hat nämlich Jonge.*«

**DER MASSSTAB**

*Während des Krieges wurde mein Vater von einem Kameraden gebeten, ihm einen Pullover für seine Braut zu besorgen. Auf die Frage nach der Konfektionsgröße meinte der: »Se hat halt grad a Händle voll.«*

### Trotzdem

Der vorige Abschnitt begann mit der Kombination »trotz« mit Dativ. Die Verbindung mit dem Dativ ist auch im Wort »trotzdem« festgeschrieben. Der neueste Duden gesteht das Recht dieser Kombination neben den Schweizern jetzt auch den Süddeutschen und den Österreichern zu. Danke für die Wiederkehr der Vernunft in das amtliche Deutsch. Auch wenn der Komposition mit dem Genetiv eine gewisse Eleganz nicht abzusprechen ist, kann man wohl kaum etwas gegen das Wort »trotzdem« sagen, also gegen die sozusagen amtliche Verbindung mit dem Dativ. Genau dasselbe gilt für die Präposition »wegen«.

In einem anderen Kapitel kam der Satz vor: *Als Hochzeiter hat er gschwärmt vom Schwanahals von seiner Braut, jetzt schempft der narrete Krauter auf sei Alte ond dere ihren Gaskraga.*

Auch hier wird ein »von« eingefügt, und in der zweiten Satzhälfte das *dere*, entsprechend dem »derer«, das in der Hochsprache den Genetiv ausdrückt. »Ihren« würde auch genügen, aber dann hat der Satz für schwäbisches Empfinden nicht den richtigen Rhythmus.

## DIE ARTIKEL

Die Geschlechtsworte »der, die, das« werden gesprochen »der« = *dr*, »die« wird zu *d*, »das« zu *s*; also: *dr Vaddr, d Muedr ond s Kend* (der Vater, die Mutter und das Kind).

»Die« in der Mehrzahl ist *d*: *d Manda* oder *d Männer, d Weiber, d Kender*.

Beispiel: *D Weiber sent doch älle gleich*. (Der ganze Satz meint in Schriftdeutsch: die liebenswerten Eigenschaften unsrer Damen ähneln sich des Öfteren.)

»Ein« und »eine« werden ohne Rücksicht auf das Geschlecht zu *a*, kurz und nahe am »e« gesprochen wie in *Spätzla*: *a Ma, a Frau ond a Kend* (ein Mann, eine Frau und ein Kind).

Der *Ma* ist mit langem nasalem »a« auszusprechen, wie in »Bahnhof«.

Das Vorhandensein oder Nicht-Vorhandensein eines Artikels bedeutet unter Umständen, dass ein ganz anderes Wort gemeint ist:

*»De gröschte Kartoffel« hat dr dümmste Bauer.*

*»Gröschte Kartoffel« zom Oxamaulsalat* dagegen macht man in der Bratpfanne.

**DR SELL**

*In der Komödie »Der Vogel lässt das Singen nicht«, verfilmt mit Willy Reichert und Dieter Borsche als Pfarrer Jung von Kirchberg und einem Domprobst in heikler Mission, wehrt sich der Pfarrer, ein schwäbisches Original, einst vom König zum Ritter von Jung geadelt, gegen die Zurechtweisung wegen seiner wahrhaft originellen Grabgesänge durch die klerikale Obrigkeit. In der gespannten Atmosphäre fragt die stocksaure Haushälterin: »Bleibt dr sell zom Essa?« »Der Herr Domprobst gibt uns die Ehre«, erwidert der Dorfpfarrer in hinterhältig vornehmer Formulierung. »Dr Sell« ist dann allerdings aus Furcht vor einem Angriff mit Leberwurst und Rattengift doch nicht geblieben. Nachzulesen in »Sing nicht, Vogel« von Alfred Weitnauer, von dem übrigens auch ein Büchlein stammt, das nicht nur amüsant zu lesen, sondern auch sehr lehrreich ist: »Auch Schwaben sind Menschen«.*

## DIE FÜRWÖRTER

Hinweisend: Dieser Mann, diese Frau, dieses Kind: *der Ma, dui Frau, des Kend.*

Jener, jene, jenes: *Dr sell* oder *seller, de sell* oder *selle, selles* (wobei die schwäbische Variante eine gewisse Verachtung zum Ausdruck bringt.)

»Keiner« oder »keine« wird lediglich schwäbisch ausgesprochen als *koiner, koina* oder *koine* (Mehrzahl).

### DOPPELTE VERNEINUNG

Ungeachtet der Tatsache, dass Schwaben raffinierte Tüftler, große Erfinder, gute Rechner und hervorragende Mathematiker in ihren Reihen haben, beharren sie darauf, dass Minus mal Minus nicht immer Plus geben muss:
*Nie net dät der des erlauba – do beißt koi Maus koin Fada ab.*

#### A GUTER POSTA

*Im Schlossgarten zu Stuttgart unterhält sich ein jovialer Herr mit einem Besucher aus dem Remstal. Zum Abschied schenkt er dem ein Drei-Mark-Stück, einen silbernen »Thaler«. Als der Beschenkte stutzt ob der großen Gabe, weist der Herr auf die Portraitseite der Münze und sagt »Der da bin ich.« Darauf der andere: »Ha no, no send Sie ja onser Herr König. Des ist aber a guter Posta. Den müsset Se bhalta.«*

## AUSDRÜCKE – REDEWENDUNGEN

### AUS EINEM »LEHRBRIEF AN MEINE KINDER«

*Was a Muggaseggele ist, muass i eich jetzt halt doch no erkläre, au wemmrs peinlich ist. Mir hend ja emmer drauf gachted, dass ihr koine oastendige Werder lernet. Aber des stoht ema schwäbische Diktionärle vom Peter Herwig ond seiner Frau, des send ganz vornehme ond hochgebildete Buchhändler en Göppinge, s stoht also ema ganz wissenschaftliche Buch, ond ghert drom zur Bildung.*

*Also, a Muggaseggele ist »eine sehr kleine Einheit«. Glaubet mr, des muss wirklich ganz arg kloi sei, weil i no gar nie ois gseha han. Aber geba muss s des, sonscht gäbs ja koine jonge Mugga.*

*Also, weils do ist ond mrs trotzdem et seha ka, ist des ebbes Metaphysisches, also ebbes Übersinnliches, von dem wo mer bloß glaubt, dass es des gäb, aber wo s wohl doch gibt.*

*Ond wemmr scho an de oaständige Werder send, no sag i eich au no glei, dass es au no en ganz gewöhnliche S... gibt ond außerdem en Allmachtss.... Desch ao nex was mr sieht, aber koi Lob und grad s Gegadoil von so ma metaphysischa Deng do ond kommt meistens bei Bierfest vor. Wenn es do oiner zo oim secht, ka s sei, dass der dem oine uf da Däz haut (bsonders bei ma Bierfest).*

*Vornehme Leit saget drom au liaber »du bist doch a Bachl« oder »a Allmachtsbachl«, wenn se so ebbes moinet. Aber au no ka s sei, dass se da Frack vollkrieget. Weil dadrmit grad ds Gegeteil gmoint ist, nämlich, dass der et ganz bacha sei.*

## OND NO A STUBAREINE ERKLÄRONG

*Obwohl die Pforzheimer, d Pforzemer, wie se sich selber hoisset, bloß Dachtraufschwaba send, muass mr se en dem Zammahang erwähna. Dene ihr Spitzname ist nemlich »Pforzemer Säckel«. A Freind aus Pforza hat mir verzählt, dass die viele Goldschmied dort ihr teuers Matrial früher en Säckla am Gürtel mit sich romtrage hättat. Je größer sei Säckle, desto reicher dr Ma. Drom däts au koi Pforzemer übel nehma, wenn mr n mit dem Kosename aspricht oder gar en riesiga Säckel hoißt. Wer aber en Pforzemer für a halba Portio hält ond secht zu em: »Du Halbsäckel«, der muess woidle laufa, weil r sonst da Ranza vollkriegt. Ob aber mei Freund des selber glaubt oder ob er selber des Wort ganz ordinär mit »e« schreibt, des woiß i net.*

*Wenn mr oin en Soifasieder hoisst, no ist des a Beleidigong, Salzsieder aber et.*

*Salz hat mr nämlich emmer braucht ond drom send Salzsieder reiche Leut gwesa. Nama von reiche Leut send koine Schempfwörter. Soife ist aber et so nötig gwesa – weil wenn älle stenkat, na braucht sich gar koiner wäscha. (Dieses ist keine politische Bemerkung!!) En Göppinge hangt heut no s alte Firmeschild an ma vornehma Gschäftshaus: »Seifensiederei«. Des ist aber Nostalgie, weil em Lada bloß Sache zom Essa verkauft werdet. Mit Soife oder mit em Wäsche hent die nex zom do. Höchstens a paar Preis.*

*Weil mr grad an so alte Beruf send: Maurer send et ganz so vornehm, aber bekannt für ihr Pünktlichkeit am Feierobed, Bürstabender für ihren Durst scho vor am Feierabed ond Fuhrleut fürs Flucha am Sonntig.*

*Mr sagt au net »Du A...loch« weil des net bloß oaständig ist, sondern no net amale typisch Schwäbisch. Des Deng gibt's überall en Deutschland – ond au sotte Leut. Am öftesta em Fernseha – ond selt sagt mrs in Hochdeutsch. Aber gebildete Schwaba saget so ebbes höchstens am Steuer von ihrem Daimler, aber net, wenn ihre Kender drneba sitzet. Wer Näheres da drüber wissa will, muss nachschlagen unter »Vier Buchstaben«.*

## SCHWÄBISCHER GRUSS?

Viele der früher angeblich üblichen und unter gestandenen Schwaben als salonfähiges Muss betrachteten Redewendungen sind aus dem täglichen Sprachgebrauch verschwunden, falls es sie überhaupt je gegeben hat. Voran der oft zitierte »Schwäbische Gruß«, von dem immer wieder behauptet wird, er gelte als Begrüßung. Ich selbst bin seit 1927 auf dieser Welt, stamme von schwäbischen Eltern, bin zwischen schwäbischen Geschwistern und Schulkameraden aufgewachsen, habe als Kind »auf der Gass« nur mit Schwaben gespielt, denn es gab gar keine anderen, war lange Zeit in einem Kegelklub mit lauter Schwaben und habe den Satz zwar, in kleinem oder großem Zorn gesprochen, immer wieder mal gehört und auch selbst benutzt, doch gar nie als Begrüßung. »Schwäbische Heimatstücke« im Fernsehen zählen nicht. Der Vorzeigeschwabe Willy Reichert hat den Spruch einmal – und nur so – gebraucht: »*Ja, etz l—ass me au mit.*«

### TAUSCHGESCHÄFT

*Dürft i meine Küchla en deim Schmalz bacha,*
*derfst drfür dein Schinka en meim Kraut wärma.*

**Die Statistik**

Selbst in den bekannten Urteilen und Aussprüchen des gewiss nicht zimperlichen Amtsrichters Dodel aus Blaubeuren ist der Ausdruck nicht enthalten. Unter dem schönen Titel »L. m. i. A.« zählt der bekannte Schriftsteller Heinz-Eugen Schramm zahlreiche Gerichtsurteile auf, die wegen dieses Zitats gesprochen wurden: Oelde (Westfalen) – 100 Mark Geldstrafe; Arbeitsgericht Köln – straffrei; Baden-Baden – straffrei; München – 30 DM; Brunsbüttelkoog – straffrei; Rastatt, wegen eines in Norddeutschland ausgesprochenen Zitats – Schulaufsatz über Polizeiaufgaben; Duisburg – 70 DM; Düsseldorf – fristlose Entlassung. Ergebnis: Nord- zu Süddeutschland: 6:2. Schwabenland: 0.

**»WAS TUN«, SPRACH HEUSS**

*Pünktlichkeit ist die Höflichkeit der Könige. Auch beim Weggehen. Keiner darf gehen, solange sie noch da sind. Das Protokoll plant genau – auch in einer Republik. Was aber, wenn sich das Staatsoberhaupt gerade so gut unterhält? »Papa Heuss« hatte Verständnis für Gäste mit nervösem Blick zur Uhr. »Der Bundespräsident verlässt das Fest – ond dr Heuss bleibt hocka«, sagte der hohe Gast und setzte sich wieder gemütlich zu seinem Viertele.*

**Beim Arbeitsgericht**

Vor Jahrzehnten hatte ich als Beisitzer beim Arbeitsgericht mit folgendem Fall zu tun: Eine Baufirma war bei einem Großprojekt der Öffentlichen Hand wegen fehlerhafter Bauausführung belangt worden. Die Nachbesserung kostete viele Hunderttausend Mark. Soweit war der Fall durch die Presse jedermann bekannt. Der verantwortliche Bauleiter war damals abgelöst worden. Er sollte künftig an anderer Stelle als Polier beschäftigt werden. Damit war der nicht einverstanden, blieb zu Hause und brachte die Sache vor Gericht. Gottes Mühlen mahlen langsam. Es liegt vielleicht im Selbstverständnis der Justiz, dass die ihren nicht schneller sind. Das Hin und Her mit Schriftsätzen, Fristen, Verlängerungen und

Erwiderungen hatte bereits etliche Monate gedauert. Jetzt hatte unsere Kammer den Fall zu beurteilen. Die Kammer eines Arbeitsgerichts besteht aus dem Vorsitzenden, Jurist und beamtet, und zwei Laien-Richtern – je einer ist von Arbeitnehmer- und von Arbeitgeberseite gestellt. Der Vorsitzende hat die umfangreichen Schriftsätze durchgearbeitet und informiert vor der Sitzung seine zeitweiligen Kollegen nach pflichtgemäßer eigener Einschätzung kurz – meist sehr kurz – über deren Inhalt. Es kommt auf die mündliche Verhandlung an. Da saßen wir also. Erschienen war neben dem Anwalt der Firma deren Betriebsleiter, der das schriftlich Vorgebrachte bezeugen sollte. Als Zeuge musste er vor der Türe warten. Der Anwalt war siegessicher, denn die Fakten konnten nicht bezweifelt werden, die Belege lagen zwischen Aktendeckeln auf dem Tisch des Richters, was also sollte schon passieren.

Auf der anderen Seite saß der Kläger mit seinem Anwalt. Und der sorgte für eine Überraschung. Er hatte nämlich einen Formfehler in der Kündigung entdeckt, so klein, dass er noch keinem aufgefallen war. Mit der Lässigkeit eines sieggewohnten Triumphators trug er das vor. Formvorschriften sind extra da, damit man sie beachtet. Wer das nicht tut, bekommt kein Recht, auch wenn er Recht hat. Folge: Kündigung ungültig, Nachzahlung vieler Monatsgehälter und Weiterbeschäftigung als Bauleiter.

Dann aber kam der große Paukenschlag: Der Anwalt des Klägers erklärte, diesem sei eine weitere Mitarbeit nicht zuzumuten, weil er dort »mit dem Götz« beleidigt worden sei. Er verlangte eine Entschädigung in Höhe von 24 Monatsgehältern.

Der völlig überraschte Firmenanwalt – wohl einer von jener Sorte, die Ludwig Thoma einst zu einer sarkastischen Bemerkung veranlasst hatte (Er war Jurist und auch sonst von geringem Verstande), bestritt das vehement, weil in so einer vornehmen Firma so etwas niemals vorkomme.

Man soll nie nie sagen. Das zeigte sich, als der Zeuge hereingerufen wurde. Der nämlich war nicht wenig verwundert, dass er nicht als Fachmann zu den technischen Problemen befragt wurde, sondern nur, ob er den Kläger aufgefordert habe, ihn ...

Er räumte ein, da der Kläger sich beharrlich geweigert habe, sein Büro zu verlassen, sich unter leisem Abmurmeln der Formel »Ach, leck mich doch ...« seinem Schreibtisch zugewandt zu haben.

Nach dieser unwidersprochenen Einlassung verzichtete der Firmenanwalt auf jede Argumentation und stellte die Höhe der Entschädigung in das Ermessen des Gerichts.

DIE ERSATZFORMEL

*Steig mr doch end Tasch!*

**Bei Studierten ist's schlimmer**

Dieses zog sich zur Beratung zurück. Zunächst lachten wir miteinander über den Vorfall. Es fehlte nicht am Verständnis für den Missmut des Geschäftsführers, auch nicht für die Kündigung. Doch die spielte hier keine Rolle. Der Vorsitzende schlug eine Summe von 12 Monatsgehältern vor, denn unser Schmunzeln sei die eine Seite, wenn der Adressat dies aber als Beleidigung empfinde, sei dies rechtlich relevant, was der andere Beisitzer ebenfalls für richtig hielt. Bei mir sträubten sich Verstand und Gerechtigkeitsgefühl gegen die Vorstellung, dass aus einem dazu noch unvollständigen »Leckmich...« Folgen in sechsstelliger Höhe erwachsen sollten. Ich gab zu bedenken, dass in mir bekannten Gerichtsurteilen der gezielte und vollständige Ausspruch sehr mild, ja meist als irrelevant bewertet würde, und in der Baubranche herrsche ohnehin ein rauer Ton, wo jener Satz wohl öfter mal falle. Im vorliegenden Fall habe es sich doch weder um eine Beleidigung noch um eine Aufforderung gehandelt, sondern um eine reine Unmutsäußerung.

Es sei eben ein Unterschied, ob ein Arbeiter so etwas sage oder ein Studierter, argumentierten die anderen, und der Betriebsleiter sei Diplomingenieur. Auch ich müsse ein mehrheitlich beschlossenes Urteil mit unterzeichnen, wurde ich belehrt. Eine Urteilsverkündung im Stil eines Fußballergebnisses mit 2:1 und Presseerklärung des Überstimmten hatte damals das BVG noch nicht vorexerziert. Wir einigten uns auf ein Mittelmaß.

**Götz-International**

Keinesfalls kann dieses bekannte »L. m. i. A.« als typisch schwäbisch angesehen werden. Es ist sogar weltweit verbreitet, sozusagen ein multikultureller Ausdruck, was Volkskundler mit ihren Forschungsergebnissen belegen.

Zum Abschluss die Stellungnahme auf Schwäbisch:
*Ond den sogenannta Schwäbischa Gruß han i en meiner Kommisszeit en sämtliche deutsche Dialekt ghert. Ond vorher scho, als Erntehelfer au en russisch ond en polnisch von dene Kriegsgfangene, mit dene wo mir zsamma gschafft hent. Dia send ganz lustig gwesa, weil s ene nämlich auf dem Hof viel besser gfalla hat als für da Stalin Krieg führa. Die hent sich en Spaß draus gmacht, ons so ebbes beizbrenga. Also von wega typisch schwäbisch.*

*Des Zitat hat ja überhaupt oiner en d Literatur eigführt, der wo gar koi Schwab gwesa isch ond den wo s von Frankfurt nach Weimar verschlaga hat, also a Hess, wo en Thüringa gwohnt hat, da wo mr Sächsisch schwätzt.*

*Sogar en Frankreich gibt s do a historischa Gschicht, die wo en der vornehma Stadt Nizza gspielt hat. Nizza hat damals zu Savoyen ghört ond dr französische König hets gern ghet.*

*Die Gschicht han i an Ort ond Stelle ghört ond aufgschrieba:*

**Götz-Pantomime**

Gegenüber der Kirche wird erinnert an eine gewisse Catherine Ségurane, der Jeanne d'Arc von Nizza, die, vielleicht weniger fromm und weniger politisch, aber tatkräftig im vollen Sinne des Wortes, während der Türkenkriege im 16. Jahrhundert agierte. Damals, 1543, wollte eine unheilige Allianz von Franzosen und Türken die zu Savoyen gehörende Stadt erobern. Das große Flachrelief des Denkmals zeigt allerdings weder den Auftakt der Geschichte, wo die energische Frau allen voran mit langem Messer die Feinde niederstach, noch den berühmten Schlussakkord. Da grüßte sie nämlich von hoher Mauer herab die Geschlagenen im Esperanto des Mittelalters mit dem Götzzitat, indem sie ihre Röcke über den blanken Hintern hob: »bääh!«

# Schwäbisch A–Z

# A

**abdackla**: sich übermäßig einsetzen. Wie ein Dackel – also wie ein Dummer – schaffen. *Abdackla* tut man sich für die Familie, für die Frau, die Freundin, für die Firma, für Vorgesetzte, für den Verein (alles mit F oder V). Das *Abdackla* wird kommentiert von Freunden, Begünstigten, Neidern, in Zeugnissen und Todesanzeigen mit Worten wie treusorgend, verantwortungsvoll, sich engagieren (> *agaschiera*). *Abdackla* ist auch: *für andere da Dreck schaffa* – sich einschmeicheln wollen. Der Ausdruck wird immer mit einem Unterton gesprochen, gemischt aus Mitleid und Respekt. Doch oft ist all das nicht nur umsonst, sondern auch > *omasonst.*

**a bissle**: Gegenteil von > *arg.*

**abgschlaga**: durchtrieben, abgefeimt.

**Abkürzungen**: Wer behauptet, der Schwabe sei maulfaul, hat vielleicht nicht bei jedem Recht – aber oft. Und wer sagt, die Schwaben seien sparsam und rationell, hat fast immer Recht. Ja, wir haben sogar eine Steno-Sprache. Der maulfaule Schwabe verfügt über ein geradezu musikalisches Repertoire, sich mit geschlossenem Mund klar auszudrücken:

*hmm!* (Augenbrauen zusammenziehen): nein
*mhm* (Augenbrauen hochziehen): ja
*hm?* (Nase hochziehen): wie bitte?
*mmm?* (Kinn vor): abwarten – noch sage ich nichts
*mh!* (Augenbrauen und Nase hoch): gut
*ha-a:* nein

**Achtele**: > *Viertele*

**Ade**: Abschiedsgruß, vereinfachte Aussprache des ebenfalls bei uns gebräuchlichen *Adjö*, dem altfranzösischen à dieu, Gott befohlen. Außer im Schwäbischen gibt es diese Form wohl nur noch in dem Volkslied »Ade du mein lieb Heimatland ...«. (Die Norddeutschen haben daraus »Tschüss« gemacht.)

**aestimiera**: anerkennen, schätzen – mit manchmal eigenwilliger Grammatik: *Des tät mr scho aestimiera, wann e do eiglada würd.*

DERART

*Der Student hat onser Babettle derart aestimiert, dass se glei Zwilling kriegt hat.*

**agaschiera**: Von den sprachbegabten Schwaben selbstverständlich ganz korrekt mit nasalem »a« gesprochen wie im französischen »engager« (was mit freiwillig zu tun hat). Die schwäbische Hausfrau versteht darunter die organisatorische – und honorarfreie – Eingliederung der Gäste bei Familienfesten, z.B. zum Aufwaschen. Sie hat damit schon immer und mit ursprünglicher Selbstverständlichkeit das ausgeübt, was später unter der Bezeichnung »delegieren« in das moderne Management eingeführt worden ist. *Agaschiera* tut also insbesondere einer, der dafür sorgt, dass andere etwas tun, indem sie ihm helfen. In Nachrufen wird gelegentlich auch als Besonderheit erwähnt, dass jemand sich für die Belange anderer *engagiert* habe.

GSCHÄFT UND KUNST

*Sich agaschiera ist a Gschäft – ebber agaschiera ist a Kunst.*

**agattiga**, auch **agattera**: etwas anstiften, veranlassen, in Gang bringen (Gatte, Gattung, Gatter, gattieren steht für Zusammenfügen etc.).

**agschirra**: Spannt man Pferde vor den Wagen, muss man ihnen ein Geschirr anlegen. Man meint damit aber auch, sich anziehen, besonders wenn es um formelle oder formende Dinge geht, wie zum Beispiel eine Uniform oder ein Bikinioberteil.

**ahosa**: Dieses Wort steht für Anziehen aller Kleidungsstücke, auch oberhalb der die Hose begrenzenden Gürtellinie. Es wird verwendet, wenn eine nicht formelle Art der Bekleidung gemeint ist. Wird oft negativ verwendet: *Wie hast 'n du die heut aghost?*

**Ällerwelts-**: Vorwort für überall Brauchbares, wie Ällerweltswort, Ällerweltstante usw.

**ällig**: Kommt von »allgemein üblich«. *'S ist nemme wie ällig* heißt, dass es nicht mehr ist, wie von früher her gewohnt.

**Allmachtsbachl, -gaude, -blödsinn, -denger**, ...: Sache oder Zustand von ungewöhnlichen Ausmaßen.

**ällzwoi**: beide.

**alottera**: wörtlich, eine >*Lotter* in Betrieb setzen. Das geht über das >*Agaschiera* hinaus, es bedeutet nämlich Anschieben unter persönlicher Beteiligung. Dieser Ausdruck wird verständlich, wenn man weiß, was eine >*Lotter* ist. Man kann mit wenig Kraftaufwand viel in Bewegung setzen.

**alteriera**: sich erregen. Man benutzt den Begriff eigentlich nur mit eingeschlossener Verneinung, um jemand zu beschwichtigen: *Jetzt dent se sich bloß net alteriera.*

**Amenaschlupferle**: Ein Mädchen, das es genießt, in engem Kontakt zum Schatz von diesem beschützt zu werden.

**Ämtle**: Vereine leben vom Idealismus ihrer Mitglieder. Die anfallende Arbeit zu tun, ist eine Ehre, das heißt, auch mit Ansehen verbunden. Oft sind daher die Posten aufgeteilt, damit möglichst viele ein Ämtle bekommen.

APPERÄTLE

*Laut Wörterbuch von Wahrig wird Ausrüstung und Zubehör als Apparat bezeichnet. »Se hent a Apperätle, mit dem kriega se älle rom«, soll mein Großvater in gewissen Fällen über die »Überredungskünste« von Frauen gesagt haben. Diesen Teil der sexuellen Aufklärung hat mir meine Mutter jedoch erst offenbart, als ich erwachsen und ordnungsgemäß verheiratet war.*

**aneschaffa**: Ein alter Mann *schafft so ane en seim Gärtle,* wenn er es mit dem Schaffen nicht mehr so ganz schwäbisch ernst nehmen muss. *S goht grad so ane,* antwortet man auf die höfliche Frage nach dem Wohlergehen. Vielleicht entspricht diese Floskel dem höflichen »danke, gut«, sie kann aber genau so gut das verbrämte Eingeständnis sein, dass es einem überhaupt nicht gut geht, weil es an der >*Xondheit* fehlt oder am *Nerv*, (für nervus rerum), dem Geld – im Sinne von »wo du nicht bist ...«.

**Anegang**: nur in der Verbindung *em Anegang* = beiläufig.

**Anka**: der Nacken. Hier zeigt sich aber eine Besonderheit: Das Geschlecht wechselt nach Sprachbequemlichkeit: *Zieh d' Anka ei; der hat en Anka wie a Bär.*

**Äpfelstehlershosa**: Buben im schulpflichtigen Alter trugen früher sommers und winters kurze Hosen. Die ersten Hosen, welche, quasi als Standessymbol, bei Heranwachsenden die Knie bedeckten, waren halblange weite Bundhosen, die durch Schnallen unter den Knien geschlossen waren. Man nannte sie Knickerbockers – nach einer Romanfigur von Washington Irving, der Anfang des 19. Jahrhunderts den damaligen Spitznamen für die Einwohner von New York dafür gewählt hatte. Diese Hosen dominierten bis zum zweiten Weltkrieg die sportliche Männermode. Sie eigneten sich angeblich gut zum Transport von »beiläufig gepflückten« Früchten aus Nachbars Garten. (In Filmklassikern wie »Peter Voss, der Millionendieb«, »Drei Männer im Schnee« und »Quax, der Bruchpilot« wurden sie getragen. Auf einem Bild im Technikmuseum Speyer ist der Flugzeugbauer Ernst Heinkel inmitten höchster Prominenz mit solchen Hosen zu sehen.)

**Arbet; Ärbet**: Im Gegensatz zum *Gschäft,* das glatt erledigt wird, ist *a Ärbet* eine Aufgabe, die *mr net an oam Dag ferdig brengt ond drom ällaweil wieder liega lassa muaß,* mit der man vielleicht sogar wochenlang beschäftigt ist. Zum Beispiel: *da Garta richta, a Buch schreiba* oder gar *sein Schreibtisch aufräuma.*

ALTERNATIV

*Lieber koi Arbet als wie nex zom Essa. (Vermutlich Ausspruch eines Nicht-Schwaben.)*

**arg**: sehr – ein wichtiges Wort, das oft verwendet wird. Es hat aber sinngemäß nicht das Geringste zu tun mit dem Negativen der Wortgruppe Arg, Ärger, Argwohn usw. Im Gegenteil, man sagt: – *Ha, des ist aber arg schö – I mag de ganz arg, ond d' Hochzeit dent mr ganz arg feiera.* Aber nicht nur, dass das Wörtchen ein Gegenstück hat, nämlich > *a bissle*, es gibt auch die Kombination von beidem: *des ist aber a bissele arg teuer*. Man zieht dabei deutlich eine Augenbraue hoch – bei Rechtshändern ist es die rechte. Um Verwechslungen zu vermeiden: Im südlichen Landesteil spricht man das Wort wie geschrieben; im nördlichen Grenzgebiet jedoch kann es Verwechslungen geben. So nach der Bemerkung, das Kleid sei aber sehr kurz, da schaue ja der Unterrock vor. *Guckt er arsch vor?* war die besorgte Gegenfrage.

**VERSICHERUNG**

*»Wenn es hagelt, bezahlt die Versicherung für den Ernteausfall. So wie bei dem Blitz voriges Jahr. Da hat sie Ihnen gleich eine neue Scheune hingestellt.« So warb der clevere Agent. »Scho,« sagte der Bauer, »aber hagla lassa ka es net.«*

**arraschiera**: etwas herrichten oder vorbereiten. Dieser Ausdruck ist wohl, wie einige andere hier beschriebene, dem Französischen entnommen, hat aber eine etwas andere Bedeutung, nämlich »Leute zum Arbeiten einweisen«; z.B. *Du machst des ond dr Sell ka dr drbei helfa*, wobei jener, *dr Sell*, nicht kann, sondern muss.

**Ärschle** – Das klingt doch richtig freundlich und zeigt, dass Paracelsus recht hat, wenn er sagt, es komme auf das Quantum an. Die Grundform war früher einmal ganz normales Deutsch, wurde aber schon längst in den Untergrund verbannt und durch Umschreibungen ersetzt. Heute gilt sie lediglich als derb und wird zu Unrecht als mundartlicher Ausdruck gewertet. Doch ist ein derber Ausdruck, der zum Gassenjargon gehört, nicht typisch für die Landschaft oder den dort gesprochenen Dialekt, wenn es auch durchaus für Witz und Humor der Bewohner spricht, wenn sie ihn gelegentlich verwenden. So zählt der Cröver Nacktarsch zu den bekanntesten Weinen von der Mosel, »wegen seines poetischen Namens«, wie es Carl Zuckmayer einmal ausgedrückt hat. Der Hamburger Schiffergruß »Mors, mors« ist genau so einzuordnen.

Diese Urform ohne *Tüpfela* und ohne »*le*«, die einst von dem Hessen Goethe in die Literatur eingeführt worden ist, wurde noch im Reklamheft »Götz von Berlichingen«, das uns als Schullektüre diente, durch drei Punkte angedeutet, von denen selbstverständlich jeder wusste, wie man sie ausspricht. (Die Seite war leicht aufzufinden, denn sie war abgegriffen.) In diesem Sinne jedoch darf man das Wort *Ärschle* als echten schwäbischen Ausdruck bezeichnen, denn diese Verkleinerungsform ist eben einmalig im Deutschen.

### VIER BUCHSTABEN?

*Allerdings bereitete die Redensart »Setz de uf deine vier Buchstaba« uns Kindern einst Zählschwierigkeiten. Warum nicht fünf, fragten wir uns in Kenntnis der verbotenen Schreibweise. Bis wir den Hinweis bei Kreuzworträtseln beachteten: »ch gilt als ein Buchstabe«. Im Setzkasten für die bis 1943 übliche Fraktur-Schrift war »ch« tatsächlich eine einheitliche Letter, ebenso wie »st« und »sp«, »tz« und »ck«, was das bis zur Rechtschreibreform gültige Trennungsverbot für diese Kombinationen erklärt.*

*Doch noch ein Hinweis an dieser durch das Alphabet gewiesenen Stelle: Nur einmal habe ich das »schöne« Wort in Götzens eigenem Lebensbericht entdeckt. Zwischen Pfeddersheim und Alzey »schoß der junge Schwalbach Kizen sein Gaul durch ein Ohr, so schuß Kiz jenen durch ein Arß-Backen«, schrieb der derbe Recke.*

**au**: 1) ist die schwäbische Form des Wörtchens »auch« und damit ein Schlüsselwort zum schwäbischen Charakter mit dem Hang zur Philosophie, deren wesentlicher Bestandteil das Bedenken der verschiedenen Seiten eines Problems ist. *So ist no au wieder*, gibt das in wenigen Worten wieder.

**au**!: 2) Ausruf der Überraschung, so zum Beispiel: *Au, ist des aber a schös Bildle!*

**au**!: 3) Bekundung von plötzlichem Schmerz.

**aua**: *...des tut fei weh!*; Bekundung von größerem Schmerz durch Ausspruch eines ganzen Satzes. Bitte die Einfügung des Wörtchens *fei* (gleich »fein«) beachten, auch das dürfte einmalig sein im deutschen Sprachraum.

SO IST'S NO AU WIEDER

*Ein Gemeinderat kommt zum Bürgermeister und trägt ihm eine Sache vor. Der Schultes hört sich das an, denkt nach und sagt: »Du hast Recht.« Am nächsten Tag kommt ein anderer und sagt, grad umgekehrt sei's richtig. Der Schultes hört sich das an, denkt nach und sagt: »Du hast Recht.« Nachher sagt der Amtsschreiber: »Schultes, du kannst doch net alle beide Recht geba.« Der Schultes hört sich das an, denkt nach und sagt: »Du hast au Recht.«*

**auale**: Herabspielung der Bekundung von größerem Schmerz, zum Beispiels so: *Auale, des tut fei saumäßig weh! Auale* ist der beste Beweis für die Einzigartigkeit des Schwäbischen. Nur hier gibt es den Diminutiv eines Ausrufs.

**Aua**: = *Auen*; eigentlich freies Feld. Auendorf bei Bad Ditzenbach – das frühere > *Gaslaosa* – verdankt angeblich den neuen Namen dem Wunsch der Gemeinderäte, die 1849 den König baten, doch *au a Dorf* sein zu dürfen. Außerdem häufiger Bestandteil von Ortsnamen.

**aufamsla**: zu Grunde gehen, sterben.

**aushausig**: etwas aus dem Haus tragen oder außer Haus machen. Zum Beispiel auswärts, also in der Wirtschaft, zu essen, ist ein teurer Luxus. Wer *aushausig* isst, lebt vielleicht schon über seine Verhältnisse.

**ausputzen**; **ausputzig**: eine Gelegenheit oder einen Freund zum eigenen Vorteil ausnutzen.

# B

**Bachstoikäs**: Weil man im Ländle nicht bäckt, sondern *bacht*, kein Backhaus hat, sondern a *Bachhaus*, heißen auch die Steine aus der Ziegelei eben *Bachstoi*. Der *Käs*, der geformt ist wie diese, wenn auch viel kleiner, heißt *Bachstoikäs*, ungeachtet eines anders lautenden Aufdrucks auf der Silberpapierverpackung. Sein volles Aroma entfaltet er unter gleichzeitiger Verminderung der ursprünglichen Härte.

**Badenka**: Schlüsselblumen.

**Bahwärterstäfela**: große Ohren, die angeblich zur Signalgebung geeignet sind.

**Bachl**: ist einer, der nicht ganz für voll zu nehmen ist. Jemand *du Bachel* zu nennen, ist aber noch nicht so beleidigend wie die Behauptung, einer sei *et ganz bacha*, also »vorzeitig in den Verkehr gebracht worden«, unreif.

ABER PÜNKTLICH!

*Ein Maurer legte morgens seinen Bachstoikäs auf dem Vesperbänkle ab. Als er nach Arbeitsbeginn seinen Vorrat inspizierte, sah er, dass sein Brotaufstrich infolge der Sonnenwärme bereits anfing, sich zu verflüssigen. »Laufa derfst,« sagte er zu ihm, »aber zom Vesper bist wieder da.«*

**Bagage**: Ursprünglich (aus dem Französischen) Reisegepäck, dann beim Militär der Tross. Im Schwäbischen ist das der Anhang, also die Familie, insbesondere die Kinder. Zum Sonntagsbesuch werden die Kinder mit eingeladen: *Brenget ruhig au euer Bagäschle mit.*

**Bahwärterskuah**: Umschreibung für »Ziege«. Man muss wissen, dass früher manchen Beamten, wie Dorfpfarrern und -lehrern, ein Stück Land zur eigenen Bewirtschaftung zustand. Bahnwärter, also Schrankenwärter und Streckengeher, wohnten in kleinen Häusern an ihrer Arbeitsstelle. Dabei stand ihnen auch ein Stückchen bahneigenes Gelände zu, gerade ausreichend groß, um anstelle einer Kuh eine Ziege zu ernähren.

**bamba**: Kurzform für »Stuhlgang vornehmen«. Man benützt diesen klangfärberisch-ordinären Ausdruck, wenn ein Kind *sei Gschäftle* macht.

**Bapp**: Im einfachsten Fall versteht man darunter Mehl, das zu einer klebenden Masse mit Wasser angerührt wurde. Man kann damit etwas *zemmabappa*. Es kommt auch vor, dass *oiner oim oina bäppt.*

**Bäradreck**: als »Lakritze« bekanntes fragwürdiges Genussmittel vom Jahrmarkt, das meist für Aktivitäten auf dem Gebiet der bildenden Kunst verwendet wird.

**Bäsle**: Base, die aber bis ins hohe Alter als *Bäsle* bezeichnet wird – im Gegensatz zum *Vetterle*, der als Erwachsener ganz selbstverständlich zum *Vetter* wird.

**Batsch**: Händedruck. *Kend, geb dem Onkel en Batsch*! Ein Händedruck, dem die gewohnte Festigkeit fehlt, also ein > *lommeliger Batsch*, das ist ein *Laugaweckabatsch*.

**batscha**: *a klois Schwätzle macha*. Bei wem das des Öfteren länger dauert, der ist ein *Batschweib*, egal ob weiblichen oder männlichen Geschlechts. *Batscha* ist harmloser als > *tratscha*.

**batta**: *des battet* – das haut hin, gibt ein Stück. Aus dem Französischen (*bataille* – Schlacht, *battage* – Dreschen u. Ä.).

VOLLTREFFER

*A gotzigs Mal hent ses probiert – ond glei hot 's battet – am Sonntig ist Tauf.*

**Bauchbätsche**: auch *Bauchpflätsch* – »missglückter« *Spicker* oder Startsprung im Schwimmbad, wenn man ausgestreckt auf dem Bauch aufs Wasser kommt, das dann so schön hochspritzt und die am Beckenrand nass macht. Den gleichen Effekt erreicht man mit dem *Beckasitz*, halb eingerollt, mit dem Po voraus.

**Bauraseufzer**: geräucherte Bratwürste, so lang wie die Seufzer der Bauern über das schlechte Wetter – sagt der Volksmund. Vielleicht auch, weil die so dünn sind. Denn in schlechten Zeiten blieb den Bauern nicht allzu viel, um beim Wursten die Därme zu füllen.

**Behne**: Wörtlich übersetzt »Bühne«. Bei uns aber ist es im Haus der Raum unterm Dach, wo früher *'s Holz beigt worda ist ond wo jetzt dr Kruscht nuff kommt*.

**Beig, beiga**: etwas Aufgeschichtetes. Durch sorgfältiges *Beiga* kann man auf knappem Platz viel mehr unterbringen. Es heißt, dass Schwaben ihr Geld sorgfältig *aufbeiget*. Früher hat man nicht nur das Feuerholz auf der > *Behne* sauber *gebeigt*, sondern auch die Briketts im Keller. In einem ordentlichen schwäbischen Keller standen die Brikettbeigen da wie gemauert. Und gar mancher hat seine Briketts auch regelmäßig abgestaubt. Holz- und Brikettbeiga war stets Aufgabe der Kinder. Manchmal als Strafarbeit – und wenn grad keiner *ebbes botsget* hatte (richtiger: nicht dabei erwischt worden war), dann eben als Familienpflicht.

KONSEQUENT

*Rechte Schwaba sparet au am Platz. Se dent s Geld bügla, bevor se s beiget.*

**Betthupferle**: ein *Schoklädle* oder *Schlotzerle*, das Kinder zum Schrecken der Zahnärzte vor dem Schlafengehen bekommen.

**Bettsonnlatta**: Zum Großputz im Frühjahr gehörte es, an einem schönen Tag die Matratzen zu sonnen. Dazu wurden sie im Garten auf ein Gestell gelegt, das aus drei mit Spalten versehenen Böcken bestand, über die drei bis vier Meter lange Latten gelegt wurden. Der Raum darunter war für Kinder ein beliebtes *Lägerle* bei Indianerspielen.

**betuse**: vorsichtig, behutsam.

**Biegel**: In manchen Städten stehen Häuser an der Straße, die nur einen Meter Abstand voneinander haben. Dazwischen führt ein schmaler Weg zu einem der zugehörigen Hinterhöfe. Darin war oftmals noch die *Hennastieg* angebracht, ein schräges Brett mit Querlatten, auf dem die Hühner vom Hinterhof zu ihrem Stall gelangten, der meist in halber Stockwerkshöhe neben dem Plumpsklo war und wie dieses vom Treppenhaus erreicht werden konnte.

**bhäb**: sehr zurückhaltend beim Geldausgeben; vermutlich von »behalten«. Kleidung, aus der man des Alters oder Appetits wegen herausgewachsen ist, sitzt *a bissle* oder *scho elend bhäb* und ist dann das Gegenteil von »behäbig« im Sinne von bequem, wohlwollend.

**Bibberle**: ein Küken. Weil es noch keine Körner fressen kann, wird es mit Quark gefüttert, der darum *Bibberleskäs* oder *Luckaleskäs* heißt (vgl. auch > *Luckela*). *Aus Kender werdet Leut, ond früher send aus Bibberla Gees worda*, war ein üblicher Spruch, wenn beim sonntäglichen Familienspaziergang im Oberholz ein Bekannter bemerkte, wie groß doch die Kinder schon seien.

**Bissle**: ein kleines Stück, wenn man wenig abbeißt vom Kuchen. Übertragen und klein geschrieben *a bissle*: wenig. *a bissele*: ein wenig vom Wenigen. Näheres dazu im ersten Abschnitt unter »*Diminutivle*« (s. S. 28).

**bitzla**: Man sagt so, wenn die feinen Perlen eines guten Sekts auf der Zunge prickeln, vielleicht aber auch, wenn etwas ganz leicht über die Haut streicht, ein Grashalm oder ein Hauch von Wind oder Mund.

**bloß**: Dieser Ausdruck wird fast immer anstelle von »nur« gebraucht und ist damit als durchaus schwäbisch anzusehen.

**Bodagfährtle**: *Der hat a Bodagfährtle* ist mit das höchste Lob für einen heimischen Wein, wenn dessen Nachgeschmack an den Boden erinnert, auf dem er gewachsen ist.

**Boinerkarle**: In der Schule gab es für Lehrzwecke ein menschliches Skelett, das zum Unterricht auf einer kleinen Plattform ins Klassenzimmer gefahren wurde. Die Knochen klapperten dabei. Seltsam, dass es keinen gegruselt hat dabei. Sicherlich hat dazu die fast verharmlosende schwäbische Bezeichnung beigetragen. Übertreibend nennt man gelegentlich auch einen besonders dünnen Menschen so.

**Bolla**: Materienansammlung in handlicher Größe, stammt als *Rossbolla* vom Pferd, als *Dreckbolla* vom Acker und im Schwarzwald als *Bolla* am Hut letztendlich vom Schaf.

ZWECKENTFREMDET

*»Dei Brüderle hat dich bestimmt et mit Absicht ghaua,« sagt beschwichtigend die Mutter. »Noi, aber mit Bauklötzla«, heult die Kleine los.*

**Bossa**: *an Bossa do*, jemandem Böses antun, etwas Grobes zufügen – ein Bossenquader ist ein roh behauener Steinquader. Es kann aber auch eine Vermengung sein mit dem Wort »Posse« im Sinne von Lustspiel. Die große Briefschreiberin Lieselotte von der Pfalz berichtet von einem Possen als einem dummen Streich, den sie beinahe mit einer Ohrfeige für den Kronprinzen beantwortet habe.

**Bossel**: »für jemand den *Bossel* machen« ist so ziemlich das Gegenteil von »der Boss sein«. Der *Bossel* ist eher der Bote, der im Dienste eines anderen steht. Der kann ihn auch *verbossla*, das heißt, zu seinem Diener machen. Man kann aber auch einen anderen, ja einen Höhergestellten oder Vorgesetzten *verbossla*, im Sinne von irreführen, auf den Arm nehmen.

GROSSZÜGIG

*Em Zugucker isch koi Arbet zviel, ond drbei gibt r no gute Ratschläg, au wenn mr n gar net fragt.*

**botsga**; **bosga**: Wenn ein Kind *a bissle* gegen eines der vom Lieben Gott und anderen erlassenen zehn-und-tausend Gebote verstößt, also etwas anstellt. – *Was hast denn wieder botsgat?*, fragt die Mutter ihren Buben, der verdächtig leise zur Türe hereinkommt. *En Botsger do* = einen Streich spielen.

**Breama**: Bremsen, ganz gemeine Stechmücken, die im Sommer auf dem Feld Mensch und Vieh arg zu schaffen machen.

**Breamawedel**: Rute oder leichter Besen, vielleicht auch nur ein Zweig, mit dem ein Kind auf dem Feld die Bremsen von den Augen und Nasenlöchern der Zugtiere fern zu halten versuchte. Deren Fell hat man meist mit Karbolineum eingeschmiert, damit sie etwas weniger von den Plagegeistern heimgesucht werden sollten.

**Brestling**: große Erdbeeren, wie man sie im Garten erntet, im Gegensatz zu den kleinen Walderdbeeren. *Brestling* sagt man auch zu einer Knollennase, besonders, wenn sie schön rot ist und noch ein paar Pickel hat.

Bei der großen Hafenstadt Brest in der Bretagne ist die Halbinsel Plougastel. Sie ist das Erdbeerenzentrum der Bretagne mit riesigen Äckern und Gewächshäusern voller Erdbeeren. Es sollen tausende von Tonnen dieser Früchte sein, die seit Jahrhunderten in jedem Frühjahr von hier aus exportiert werden, hauptsächlich nach England. Ob von dort einmal ein schwäbischer Kaufmann oder Matrose Pflanzen in sein Heimatland gebracht hat und so den Namen?

**KOLLEGEN**

*Hintersinnig fragt ein Beamter seinen einst frühpensionierten Vorgesetzten: »Wie alt send se denn etzt, Herr Inspektor?« »Dreianachtzig ond no gsond.« »No muss dr Staat bei ehne also emmer no drauflega.« »Hoffentlich spart er des bei Ihne wieder ei«, lautet die bissige Antwort.*

**Brezg**, **Bretzg**: auch *Brezel;* bei Empfängen, Vernissagen und Buchvorstellungen gehören als Begleitung zum Trollinger Brezeln mit viel Butter drauf zum absoluten Muss. Frisch aus dem Ofen des Bäckers wiegt dieses köstliche Brot mit Lauge und Salz normalerweise 50 Gramm. Wichtig an ihr ist der dicke Bauch, aus dem das Weiße quillt. Daran schließen sich dünne *Ärmla* an, die rösch gebacken sind. Freche Nachahmungen gibt es unter der Bezeichnung »Breze«, »Brezel«, »Bretzel« oder gar »Brezen« in Miniausgaben zum Knabbern beim Fernsehen oder in Großformat zum Umhängen beim Volksfest. Man erzählt ab und zu die rührende Geschichte, ein zum Tode verurteilter Bäcker habe sich mit der Erfindung eines »Kuchens«, durch den drei Mal die Sonne scheinen könne, von seinem Fürsten das Leben erkauft. Datiert wird die Rührstory auf das sechzehnte Jahrhundert. Beim Kloster Lorch ist ein Wappen angebracht, das unter einer Bischofsmütze eine Brezel zeigt und eine Jahreszahl, die bis zu vierzehnhundert... lesbar ist. Sie ist jedoch lediglich aus einer gleichmäßig dicken Teigwargel geschlungen. Wer lieber an Mystisches glaubt, findet leicht eine andere Erklärung: Die Arme der Brezel symbolisieren zum Gebet gekreuzte Arme.

Wer aber je als Kind mit Plastilin gespielt hat oder gar mit dem *Gutslesteig* der Mutter, weiß, dass nichts näher liegt, als daraus eine > *Wargel* zu machen, die ja »ganz von selber« dünne Enden kriegt, und diese dann miteinander zu verschlingen. Das schnell zu machen, ist die Kunst des Bäckers.

Wenn eine *Brezg* gar zu schief geworden, verkrüppelt ist, gibt es Ausschuss. Vor vielen Jahren hat mir einmal ein Fachmann erklärt, dass und warum es keine Brezgenmachmaschine gebe. Nach den heutigen Preisen zu urteilen, ist das Brezgenmachen noch immer Handarbeit – von hoch bezahlten Meistern.

**Brezgamacha**: ist eine Kunst, die zu erlernen vieler Übung bedarf. Wenn die *Wargel* an den Enden, *de Ärmla*, genau richtig dünn sind und der Bauch noch gehörig dick – das ist es nämlich, was die schwäbische *Brezg* von Nachahmungen in benachbarten Städten wie München oder Mannheim unterscheidet – wird das Gebilde mit genau bemessenem Schwung herumgewirbelt und die Enden angedrückt. Und dann wird in der Mitte so angeschnitten, dass beim Ausbacken der weiße Bauch möglichst dick herausquillt, umrandet von einer feinen braunen Kruste. Das geht blitzschnell – zweihundertfünfzig Stück pro Stunde – wenn man 's kann! *Bloß Katzamacha goht schneller.*

**HUNGER!**

*»Moister mach Krüppl, sonst friss e Rechte.« Bitte eines hungrigen Bäckerlehrlings beim Brezgamacha.*

**Briesle**: eine Drüse, die es in allen Kälbern gibt (nicht mehr im erwachsenen Rind), die aber anscheinend nur in unserem Ländle für Feinschmecker zubereitet wird.

**Brockela**: das sind junge Erbsen, die man vom Stock nimmt und dann aus der Hülse ausbrechen – *ausbrockela* – kann.

**Brotranka**: Vor der allgemeinen Einführung von Brotschneidemaschinen hielt die Hausfrau den Brotlaib vor ihren Leib und schnitt mit dem Brotmesser große Stücke davon ab. *A ordentlicher Ranka ist etwa halb so lang wie der Laib dick; om da Ranka rom* ist ein Stück Brot vom ganzen Laib.

**Brotsupp**: als Resteverwertung etwas vom Besten aus der sparsamen schwäbischen Küche.

BROTSUPP

*Altbackenes Brot, am besten Eignetztes, wird in der Pfanne mit etwas Schweineschmalz kurz angebraten. Es kommt trocken auf den Tisch und wird erst im Suppenteller mit gschmälzter Fleischbrühe übergossen.*

**bruddla**: das ist eine Möglichkeit, sich in meist undeutlich gesprochenen Worten zu aktuellen Ereignissen in der näheren Umgebung des *Bruddlers* zu äußern. Anlass zum *Bruddla* geben zum Beispiel Anordnungen der Hausfrau. Über die große Politik und den Schultes aber wird nicht *gebruddelt,* sondern *astendig gschempft.*

**Brüstla**: Das ist nicht nur die korrekte Bezeichnung, weil so etwas Schönes immer paarweise vorkommt, sondern auch die schönste, wo sie stimmt. Man sagt aber diskret auch *Herzla (> Herzer).*

**Bscheißerle**: Gesundheitsapostel predigen, dass stehen gesünder sei als sitzen. Zur Entlastung der Beine bieten sie in den Katalogen der zugehörigen Geschäfte so genannte Stehhocker an. Mönche müssen wegen der Liturgie und der Frömmigkeit oft stundenlang an ihren Plätzen im Chor der Kirche stehen. Das wirkt sehr schön und würdig. Doch sie können dabei unauffällig ihre Beine entlasten, indem sie sich sachte auf einen kleinen Vorsprung an der Unterseite des hochgeklappten Sitzbretts an der Wand des Chorgestühls setzen. Oft ist das Ding als geschnitzter Sockel zum Kunstwerk ausgearbeitet. Im Latein der Kirche sagt man dazu Misericordie, was Barmherzigkeit heißt. Auf Schwäbisch sagt man dazu *Bscheißerle*, was vielleicht ein bissle boshaft ist, aber doch wohl stimmt.

**bschnotta**: ein Kleidungsstück, das zu knapp zugeschnitten, also beschnitten ist. Man spricht so aber auch von einem Wohn- oder Arbeitsraum, dessen Ausmaße etwas knapp sind.

**Bubaspitzla**: haben mit Spitzbuben nichts zu tun. Wer an nicht näher beschriebenem Ort den kleinen Adam eines noch lebenden Künstlers betrachtet und dabei an die *kloine Wargala* aus einer Mischung von Kartoffel- und Mehlteig denkt, die – aus unerklärten Gründen – offiziell Schupfnudeln heißen, dem leuchtet der Vergleich ein.

**Bubbaberle**: eine unbedeutende Kleinigkeit.

**bubbaberlich**: sagt man, wenn etwas sehr verspielt ist und zu klein, um zweckmäßig zu sein, zum Beispiel die Tastatur vom »Handy in der Armbanduhr«.

VESPERMEISTERS KLAGE

*Etz krieg e nex meh nei – wenn jetzt doch bloß Buckl Bauch wär.*

**Buckl**: Auch im Schwäbischen bezeichnet man einen Auswuchs wie beim Glöckner von Notre Dame mit diesem Wort. Doch hat bei uns auch jeder gerade gewachsene Mensch einen *Buckl*, den man durch Vorbeugen belasten und vergrößern kann. Man hat zum Beispiel *sei Säckle (Sorga) auf am Buckl*. Manchmal auch bloß *viel Gschäft*.

**Butzele**, **Butzawackele**: kleines Kind.

D

**Däbber**: Pantoffeln, Hausschlappen; *in dene dappt mr drher. Däbber* oder *Dapper* macht aber auch, wer der Hausfrau über den frisch geputzten und noch feuchten Boden *dappt*.

**Dachtraufschwaba**: Schwaben, deren Heimat durch Erbschaft, Napoleon oder andere Heimsuchungen fremden Fürsten zugefallen war, standen draußen im Regen – quasi unter der Dachtraufe. Oft sollen sie ihren Neugeborenen am Schlagbaum das Ländle gezeigt haben mit dem Rat, später dort ihr Glück zu suchen.

**Dackel**: Keinem Schwaben würde es einfallen, den lustigen kleinen Gesellen als Teckel oder Dachshund zu bezeichnen, denn, weil wir ja selber Individualisten sind, mögen wir dieses eigensinnige Tier besonders gerne.

Wer Tieren Intelligenz zutraut, siedelt den Dackel auf der entsprechenden Skala ziemlich weit oben an. Die direkte Ansprache *du Dackel* ist darum nur eine leichte, fast freundschaftliche Beschimpfung, schlimm ist jedoch *Halbdackel* oder gar *Grasdackel.* Der Ausdruck *da Dackel macha* drückt Mitgefühl aus mit dem »Philosophen unter den Hunden«, der oft die Stirn in Falten legt und trotz der großen Ohren recht gut »schlecht hören« kann. Mit seinen kurzen krummen Beinen hat der Dackel (der mit vier) nicht nur einen unverwechselbaren Gang, sondern kommt, nicht zuletzt auch wegen seiner stets neugierigen Nase, meist seinem Herrchen oder Frauchen hinterher. *Er duet so ane dackla, henterherdackla, grad wie d' Leut,* das heißt, an der Leine gehen, ohne die Möglichkeit, eigenen Neigungen nachzugehen, und wenn es noch so verlockend riecht nach Knochen oder Hundedame.

**ENTLASTEND**

*Als in der Nachkriegszeit die große Entnazifizierungswelle über Böse und Gute hereingebrochen war, musste mein Vater einmal als Zeuge auftreten im Verfahren gegen einen Milchmann mit Namen Geist. Es ging dabei um die weltbewegende Frage, ob dieser Mann als moralisch genug gefestigt angesehen werden könne, weiterhin jeden Morgen und bei jedem Wetter seinen Handwagen durch die Straßen zu ziehen, die Schelle zu schwingen und den Hausfrauen gegen Abgabe von Milchmärkchen und ein paar Groschen Voll- oder Magermilch in Kannen und Krüge zu füllen. Er konnte diesen freundlichen Menschen, der keiner Fliege ein Leid getan hatte, entlasten mit der klaren Aussage: »Als Blockwart hat der doch bloß da Dackel gmacht für dia.«*

**dadrfür**: häufiger zusammengezogener Ausdruck für Ursache und Wirkung.

**dalga**: durchkneten, den Brotteig oder auch einen Gegner. Aber genauso im übertragenen Sinn, entsprechend »einen in die Mangel nehmen«.

**Dampfnudla**: Es gibt wohl auch die Einzahl davon, aber beim Essen schmecken die so gut, dass es nie bei einer bleibt. Die Hausfrau mischt Mehl und Zucker, Eier, Milch und Wasser, Butter, Salz und Hefe zu einem Teig, aus dem dann gut faustgroße Gebilde geformt und eng in eine Kasserolle gesetzt werden. Deckel drauf und – spicken streng verboten –

im Dampf garen. Dazu gibt es Apfelkompott oder Dörrobst. Der Hausherr kriegt außerdem die > *Scherratse* – und braucht hinterher *a Schnäpsle.*

**dapfer**: *sau dapfer*, noch schöner *dapferle sau drvo,* ist ein amüsantes Paradoxon. Gemeint ist damit »schnell, flink«. Auch im Mittelniederdeutschen war »tapfer« im gleichen Sinne üblich. Die Fixierung auf »mutiges Verhalten« erfolgte erst sehr spät.

**dätsch'd**: oder *dätsch mr et* (würdest du, bitte sehr, ...); das ist der kategorische Imperativ – normalerweise von Frau zu Mann – zum Beispiel Kartoffeln aus dem Keller zu holen oder einen Nagel einzuschlagen. Da Männer nach Eintritt in die Rente für solche Hilfsarbeiten frei verfügbar sind, spricht man jetzt auch vom *Dätsch-Alter*.

DE ANDERE

*I däd's scho, wenn dia da dädat, wia i wett.*

**Datterich**: Zittern oder Unsicherheit in den Händen. Von einem alten Mann sagt man, *der ist a alter Datterich.* Eine Frau *ist* das nie, von der sagt man, *dui hat da Datterich.*

**Daubadiech**: *Ebbes em Daubadiech do* – etwas unbewusst tun, ohne klare Überlegung und Planung.

**daulaos**: »tunlos«, also untätig, würde die wörtliche Übersetzung lauten. Gemeint ist aber auch lustlos. *Was hängst denn so daulaos (oder daoloos) rum?*

**Däz**: der Kopf.

**degamäßig**: eine angemessene, moderate Verhaltensweise. Ursprünglich: sich den Vorschriften seines Standes entsprechend verhalten. Degen nannte man im hohen Mittelalter nicht nur die Stichwaffe, sondern auch die Träger einer solchen, z. B. Ritter und sonstige Recken. Sie waren damals strengen Benimm-Regeln unterworfen und trugen Verantwortung für das Gemeinwesen. Später galten solche Regeln auch für die Handwerkerzünfte. (Daher: »zünftiges« Verhalten). Ein Schweizerdegen beispielsweise war ein Handwerker, der gleichzeitig Setzer und Drucker und darum zum Tragen dieser Waffe berechtigt war. *Degamäßig* ist nicht zu verwechseln mit > *häbig*.

**deichsla**: klar, wer am Wagen die Deichsel bewegt, bestimmt, wohin der rollt. Es wird behauptet, dass dieses Verfahren (zum Beispiel durch Absprachen mit Banken) zu den beliebten Spielen der kommunalen Grundstückspolitik gehöre.

**deifelhäftig**: des Teufels inne sein. *Kloi ond deifelhäftig* ist zum Beispiel ein Wadenbeißer, also ein kleiner Hund oder Politiker, dem es Spaß macht, Menschen und große Tiere anzukläffen, ihnen möglichst wehe zu tun und durch lautes Bellen alle Welt davon in Kenntnis zu setzen. Sie tun es besonders gerne, wenn sie sich an der Leine ihrer Herren selber sicher glauben oder wenn der andere durch die Leine seiner Pflichten an der Abwehr gehindert ist.

SABOTAGE

*Auf dem lauschigen Bänkle im Kurpark findet sie ihren Göttergatten mit dem jungen Ding vom Nebentisch. Süffisant freundlich grüßt sie und flüstert gut vernehmbar: »Oh Karle, was dätsch au, wenn se wölla dät?«*

**Denger**, **Dengeler**: männliches Individuum aus Adams Geschlecht. Es gibt *saublöde Dengeler* und *wüste Dengeler*, wobei letztere Formulierung eher enttäuscht klingt und darauf schließen lässt, der Beschimpfte wolle einem entgegenkommenden Wunsch einer weiblichen Person nicht entsprechen.

**Dergel**, **Dergele**: freundliche Bezeichnung für ein Kind. Das Wort ist wahrscheinlich eine Ableitung von »Türke«, denn in Zeiten des Feudalismus gehörten häufig Menschen des osmanischen Reiches, pauschal als Türken bezeichnet, als Pagen oder Leibdiener zum Hofstaat des Hochadels.

**Derweil**: Zeit. Nur in Wendungen wie: *Dadrfür han i koin Derweil* (für so etwas Unnötiges hab ich wahrhaftig keine Zeit).

**desdrwega**: darum.

**Dienst, Daischt**: Ein junges Mädchen aus einfachen Verhältnissen, ob vom Lande oder in der Stadt, ging nach der Schule, also mit dreizehn oder vierzehn Jahren, *in Daischt*, oder *in da Daischt,* als Hilfe im Haushalt, was gleichzeitig Lehre in Haushaltsführung war. Ein »guter Dienst« in einem Herrschaftshaushalt war ein Renommee und konnte die Heiratschancen auch armer Mädchen erheblich verbessern.

**Dippel**: Dieses Wort ist geläufig als Beschimpfung, *Du Dippel*, mit der Dummheit unterstellt wird. – Wenn man sagt, *Dem sott mr da Dippel bohra*, hat das einen realen Ursprung.

DIPPEL BOHRA

*Etliche Tiere hatten damals einen üblen Parasiten aufgenommen, der sich dann bis ins Gehirn durchfraß, wo er als so genannter (fingergroßer) Drehwurm großes Unheil anrichtete. Die erkrankten Schafe fingen an, sich unentwegt nach links oder nach rechts zu drehen. Barthel schlachtete eines der erkrankten Tiere und zerlegte seinen Kopf, um genau festzustellen, wo der Schädling gefasst werden könne. Dann setzte er bei den kranken Schafen einen Bohrer an und bohrte ihnen den Dippel, so nannte man Wurm und Krankheit. Die die Prozedur überstanden, waren geheilt, andere mussten notgeschlachtet werden.*
Aus: Helmut Binder, Der Jungfraufels

**doktera**: in ärztlicher Behandlung sein. Man sagt so hauptsächlich, wenn es sich um eine länger dauernde Erkrankung handelt.

**donderschlächtig**: Wer seinen Computer nach Wortgebilden mit »*schlächtig« suchen lässt, findet »ober- und unterschlächtig«, das hat mit klappernden Mühlrädern und Wasser zu tun. Dann gibt es noch »grobschlächtig«, was einfach als »plump und derb« erklärt wird. Doch *donderschlächtig* gut, laut oder schnell kann *ebber* oder *ebbes* nur bei uns sein. Man übersetze das Wort mit »erheblich«.

**Dörrobst**: In der Darre oder Dörre getrocknetes Obst.

Äpfel und Birnen werden aber auch in Scheiben geschnitten, aufgefädelt und an der Luft getrocknet.

**Dote**: Taufpatin. Die Herkunft des Wortes ist unklar. Da es aber Paten nur im Zusammenhang mit der christlichen Kirche gibt, liegt es nahe, dort eine Verbindung zu vermuten, zumal die schriftdeutsche Form Patin und Pate für den »beigegebenen geistlichen Vater« steht. *Dote* könnte demnach die Beigegebene ( lat. dotare, geben) sein, denn nichts spricht gegen die Annahme, dass lateinische Begriffe in einzelnen Landschaften verschieden in die Umgangssprache übernommen wurden. Die männliche Form ist *Döte, Dötle* oder *Hosadote.*

**Drescher**: Das Wort ist keine Berufsbezeichnung wie Maurer oder Fuhrmann, war doch vor Erfindung der Dreschmaschine fast jeder Mann im Dorf für geraume Zeit ein Drescher. Dreschen war Schwerstarbeit und darum hatten die *Mander* an solchen Tagen auch einen Mordshunger und sie haben auch beim Essen eingehauen – eben wie die Drescher.

**drherkomma**: *drvokomma, drvolaufa, drvosaua, dromnommkomma*; diese Wörter sind wegen der typischen Vorsilbe *dr* sehr schwäbisch. Im Schriftdeutschen sagt man in entsprechender Reihenfolge: daherkommen, davonkommen, davongehen, davonlaufen, um eine unangenehme Sache herumkommen.

DER DRUCK

*'S ist scho gspässig, dass a leerer Beutel ärger druckt als wie a voller.*

**Dürg**: Das ist sozusagen die Großform von >*Dergel.* Man sprach früher die größeren Buben freundlich so an, etwa: *na, ihr zwei Dürga, ganget r zom Fußballa?*

**Duranander**: ein köstliches *Faulenzeressa*: Pfannkuchenteig wird als dicke Lage in die Pfanne gegeben und sobald er anfängt, fest zu werden, durcheinander – *duranander – gstiert,* was kleine rundum gebratene Stücke ergibt. In einigen Orten nennt man das Gericht auch *Stierum* oder *Eierhaber.*

E

**e**: »ich« bei Betonung der Satzaussage: *wenn e glücklich ben, na seng e.* (vgl. > *i*)

**ebber**: jemand.

**ebbes**: Das Wörtchen *ebbes* begleitet uns von der Wiege bis zur Bahre. Es bedeutet »etwas« und ist ein schwäbisches Allerweltswort.

EBBES

*Des Wörtle »ebbes« ko mer grad für alles brauche:*

*Wenn a jonger Bursch heirate will, no muaß er sich ebbes suacha – a Mädle wo ebbes hot ond ebbes ka ond wo ebbes mitbrengt. Ond wenn er so ebbes gfonda hot, no hot er ebbes fürs Herz, ebbes fürs Gmüt und ebbes fürs ganze Leba (ond natürlich au ebbes fürs Bett).*

*Die Hochzeit därf natürlich ebbes kosta, damit mer sieht, dass ebbes derhoim ist. Denn mer weiß jo: do wo ebbes ist, kommt gewöhnlich no ebbes derzu. No goht mer uff d Hochzeitsreis. Do sieht mer ebbes, do erlebt mer ebbes, do ka mer ebbes kaufa, dass mer au ebbes mit hoim brengt.*

*Ond uff oimal erwartet mer ebbes. D Nochbarschaft hot natürlich scho lang ebbes gmerkt. Die sagt scho seit Woche: I glaub do kommt ebbes, ond no kriaget se wirklich ebbes ond uff oimal hent se ebbes.*

*Wenn des Kendle im Bettle heult, no fehlt em ebbes ond wenns Honger hot, no kriegts ebbes. Wenns aber weiter heult, no fehlt em wirklich ebbes – oder s hot au bloß ebbes gmacht.*

*Später kommt dr Bua en d Schual, dass er au ebbes lernt. Ond wenn dr Herr Lehrer frogt ond er weiß ebbes net oder er versiebt ebbes, no kriegt er ebbes uff d Fenger oder gar ebbes henta druff.*

*Des hoißt, des war amol: Heutzutag macht mer so ebbes antiautoritär. Des gibt no ebbes.*

*Wenn er aus dr Schual kommt, kommt er en d Lehr, dass er ebbes verdient, damit er, wenn er an alter Ma ist, au ebbes hot.*

*Und wenn ebber ebbes recht macht, dann ist der a rechter Kerle – au wenn er a Frau ist oder a Mädle.*

**Eck**: Das Eck ist immer sächlich, »Staufeneck«, »Deutsches Eck« usw. Zu Luthers Zeiten hat sich sein größter Widersacher, ein als Johannes Maier geborener katholischer

Theologe, den Namen Eck zugelegt, was Luther im Anschluss an die Leipziger Disputation von 1519 Anlass gegeben haben soll, Doktortitel und Namen dieses Virtuosen der Polemik ohne Punkt und Komma zu vereinen und von ihm als »Dreck« zu sprechen.

**Ehle**: Großvater. Das Wort war aber auch Bezeichnung und Anrede für einen Großonkel.

**ehrakäsig**: schlimme Krankheit, im Allgemeinen unheilbar. Sie führt teils zur Häufung von Ehrenämtern, teils zur Zerstörung von Freundschaften und stets zu Magengrimmen.

**eidonka**: Weißbrot oder *Hefakranz* in den Kaffee, besser in Kakao eintauchen. Schmeckt gut und ist verboten.

**Eigfloischte**: einer, der eine Liebhaberei ganz intensiv betreibt und als Fachkenner angesehen wird, zum Beispiel a *eigfloischter Haseler*, also ein Hasenzüchter; oder *a eigfloischter Orgler* (Organist), *a eigfloischter Emeler* – ein versierter Imker.

**einegao**: hineingehen; entsprechend: *außegao* – hinausgehen.

**Eisebahn**: > *Schwäbische Eisebahn*.

**Erdafetz**: Man könnte denken, das sei jetzt ein besonders *erdaliedriger Kerle*. Doch *Erdafetz* ist eher die belustigte Bezeichnung für *ebber*, der sich einen gelungenen Scherz mit einem anderen erlaubt hat. Es liegt sogar ein bisschen Anerkennung in dem Wort.

**erdaliedrich**: besonders liederlich, (bodenlos) schlecht.

**et**: nein oder nicht.

**et no**: keine Verneinung, sondern die Verstärkung einer Aussage.

**etta**: nein oder nicht. Aber *noi, etta* ist keine doppelte Verneinung.

**»NOI, ETTA«**

*hat schenant des Mädle gflüstert – wo em dr Freund a Küssle hinters Öhrle geba hat – »wenn des ebber sieht«.*

F

**Fässle**: Lob für ein besonders tüchtiges Kind, zum Beispiel, wenn es freiwillig die Schuhe, die eigenen und die vom Vater, blitzblank geputzt hat. Wer aber von der Schule zwei Einser mitbringt, womöglich sogar in Hauptfächern, der ist *a Superfässle.*

**fatza**: reißen; *abfatza*; *afatza*; abreißen. *A Gummile fatzt*, mit dem kann ein Schüler aber auch seinen Banknachbarn ganz leicht *afätza* (anfitzen).

**fatzagrad**: exakt gerade; *fatzagrad so ists:* genau so verhält es sich.

ET EMMER ANDERE

*»I ka dui Kusserei net verbutza«, hat des Mädle gsagt, »bsonders, wenn i net drbei ben.«*

**fatzaleer**: absolut leer.

**fatzanüchtern**: das Gegenteil von *stockbsoffa.*

**Fazanettle**: ist das Ziertüchlein in der äußeren Brusttasche eines Anzugs, wie es zum Beispiel der Galan Johannes Heesters immer trägt. Eigentlich müsste es Fazalettle oder, wie im alten Lexikon, Fazilettlein, heißen, weil es vom italienischen Fazzoletto kommt. Doch weil's halt so *nett* ist... Es war als Ziertuch im 16. Jahrhundert offenbar sehr gebräuchlich und hieß damals »Fazilitäten«. Weil diese Schmucktücher, die mit den profanen Sacktüchern zum Naseputzen nichts mehr zu tun hatten, so teuer waren, verbot eine hohe Obrigkeit dieselben, um die Untertanen vor unsinnigen Geldausgaben zu bewahren.

**fei**: zunächst hat das Wort die Bedeutung »fein, zart, gut« usw. Dann aber auch dient es der Verstärkung einer Aussage: *Des ist fei a feiner Herr* – Er ist nämlich ein feiner Herr. Oder: *Der Hond hat fei a ganz feis Ghör, der hört fei älles.*

**Femfer**: Fünfpfennig- oder Fünfmarkstück. Es wird wohl bald auch der Fünf-Euroschein so genannt werden. Doch die Aufforderung, zum

**femferla**: ist im Bereich der Beleidigung anzusiedeln. Näheres unter > *Vier Buchstaba.*

ZEITANSAGE

Femf Minuta vor dreiviertel viere: *Wir registrieren die Viertel der laufenden Stunde und dann die Minuten, wie sie darauf zulaufen. Diese Spezialität ist ein beliebtes Quiz für norddeutsche Freunde. (Lösung: tagsüber 15:40, wenn's nachts ist 3:40.)*

**Festle**: die *leschäre* Variante vom Fest mit Abendkleid und befrackten Kellnern. Auch anders (und schöner) als eine Party.

**Fetz**, **Fetzaberger**: Schlingel, einer der andere übervorteilen will. Der Ausdruck wird aber auch mit Augenzwinkern für einen zu Scherzen bereiten Menschen gebraucht.

**Fiedla**: Das ist jener Körperteil, der gemeint ist, wenn einer den angeblich »Schwäbischen Gruß« mit »im« formuliert. Der Vergleich mit einem Streichinstrument, der Fiedel, mag nicht gerade ein geschultes Gehör beweisen, könnte aber eine Erklärung sein. Die Umschreibung *oin streicha lassa* hat nichts mit dem Malerhandwerk zu tun. Ebenso deutet die Umschreibung *Orchestertort* für einen guten Zwiebelkuchen auf eine tönende Tätigkeit hin.

**Figge**: Gelegenheit zu besonderen Vorteilen, Beziehungen. In der Zeit größter Not und Knappheit war jeder dankbar, wenn er *hentarom* – hintenherum – mit irgendjemand etwas tauschen konnte – hin und her zum beidseitigen Vorteil. Wenn eine gewisse Regelmäßigkeit dabei war, nannte man es eine Figge. Das gab es auch bei Behörden, unbestritten manchmal ein Ansatz zur Korruption aus Not. Jetzt aber meint man zum Beispiel beim Mühlespiel zwei Mühlen nebeneinander, so dass bei jeder Bewegung des Mittelsteins eine Mühle geöffnet und die andere geschlossen wird – hin und her.

**Figürle**: Bei Meisterleistungen des Schöpfers spricht der Schwabe nicht etwa von »einer tollen Figur«, denn sein Superlativ ist das »*le*« als Wortendung. Zu einem *Figürle* gehören *Härla wie voma Engele*, nette *Öhrla*, lustige *Äugla*, *a goldigs Schnäbele ond a schös Näsle*, *a Schwanahälsle* und schöne *Brüstla*, aber auch schöne *Füeß*. Das ist so viel, dass es gar nicht unter einem Stichwort beschrieben werden kann.

**fitza**: *oine fitza*, einen leichten schnellen Schlag mit einer Gerte oder den Fingerspitzen ausführen. *Fitza* tut nicht wirklich weh und gilt nicht als Gewaltanwendung.

**Flädla**: Streifen aus Pfannkuchen, Bestandteil der schwäbischen *Flädlessupp* mit Fleischbrühe, die einen aus schönen Fettaugen angucken muss.

**flaiga**, **naflaiga**: einen Gegenstand achtlos irgendwo hinwerfen. Kommt vielleicht von fliegen?

**Flanka**: *Om da Flanka laufa*; diesen Satz hörte man früher regelmäßig, wenn der Vater nach dem Abendessen noch einen kleinen Gang ums > *Viertel* machte.

**flattiera**: schöntun, siehe auch *»s > Mulle streichla«*.

**Flohhopf**: ein sehr kleines Persönchen gleich welchen Alters. Die oft sehr kleinen Autos der Nachkriegszeit verglich man ebenfalls mit jenem hoch agilen Insekt.

**flucha**: Selbstverständlich gibt es fast alle Flüche der deutschen Sprache auch in schwäbischer Übersetzung. Viele davon haben wir als Kinder gehört, wenn wir in der Nähe einer Baustelle in unserer Neubausiedlung spielten. Dass sich die Fuhrleute hervorgetan haben, lässt sich nicht bestreiten, aber die hatten auch die aufregendsten Situationen zu bewältigen, so *wenn ihre Gäul da Karra et > verheba könna hent da Berg na*, oder *wenn se em > Letta hanga blieba send.*

JA, WEMMR DÜRFT

*»Gellet Se, Herr Pfarrer, jetzt sott mr flucha dürfa«, hat der Nochber gsagt, wo der sich donderschlächtig uf da Dauma ghaua ghet hat.*

**Füeß**: paarweise vorhandene Körperteile. Sie gehen vom Boden bis zu einer unbenannten Zone. Diese begann vor sechzig Jahren in Knienähe und war oben begrenzt vom Ende des Badeanzugs, knapp unter dem Hals. Bei mutigen Trägerinnen von »Zweiteilern« lag diese Obergrenze drei Zentimeter unterhalb des Oberteils, nämlich am Gürtel des Höschens.

Doch mit der Mode laun'gen Mächten ist kein ew'ger Bund zu flechten: Zum Stolz der Damen sind ihre *Füeß* inzwischen länger geworden. Sie gehen jetzt auf der Innenseite vom Boden bis zu ihrer Vereinigung an dezenter Stelle, außen bis zu *de Hüftla,* Taille oder Gürtellinie. Die Obergrenze der unbenannten Zone ist dagegen nach unten gerutscht, bis knapp (sehr knapp) über die dezente Stelle, die immer noch tabu ist – allerdings weiß man jetzt Bescheid. In seltenen Fällen, zum Beispiel wenn man sich *s Knöchle* verrenkt hat, kommen die *Füeß* – sprachlich gesehen – einzeln vor: als *lenker* oder *rechter Fuaß.* Manchmal ist auch *s Knui am lenka oder rechta Fuaß malad.* Junge Damen brauchen ihre *Fueß* dringend zum Herzeigen sowie zum *Laufa, Saua* ond *Sprenga,* sofern das *Knui* in Ordnung ist. Beim Sitzen allerdings bezeichnet man die oberen Abschnitte als > *Vier Buchstaba. Männliche Oberteil von de Füeß* dienen beim *Schenkelbatscha* beziehungsweise der *Lotabergbäppe* hintenherum als Ziel- und Landefläche. An entsprechender Stelle haben Frauen höchstens *a Poppesle.*

**fuggera**: feilschen oder handeln. Das Wort geht direkt zurück auf die unermesslich reiche schwäbische Familie der Fugger in Augsburg, die im 16. Jahrhundert durch geschickten Handel ein Vermögen zusammengebracht hatten, das den Etat des Kaisers übertraf und diesen veranlasste, dort Kredite aufzunehmen, die er mit den Kronjuwelen absichern musste, wodurch diese für lange Zeit nach Augsburg kamen. Die Handelsbeziehungen dieses Hauses reichten damals bis nach Mexiko und Südamerika, ihr Besitz umfasste Bergwerke in Tirol, sie hatten das Monopol auf dem Kupfermarkt. Man kann vor allem einem anderen etwas *abfuggera.* Man meint damit übervorteilen.

EIGENTUMSFRAGE

*Älles ghört dir, was d Henna legat, bloß d Oier net.*

G

**gäga**: neigen, etwas aus dem Gleichgewicht bringen.

**galabrisch**: Wer jemals in Kalabrien am südlichsten Zipfel von Italien den Autoverkehr – sogar von dortigen Stellen ausdrücklich als chaotisch bezeichnet – mitgemacht hat, weiß, was seine Eltern einst gemeint haben, wenn sie sagten *mach mi net galabrisch*, was auf neudeutsch heißen soll: nerv mich nicht. Jemand >*schalu* machen bedeutet in etwa das Gleiche.

**gamba**: ... ruckweise hin und her schwanken (im Gegensatz zum *gautscha*). *Auf em Fahrrad dent's d Buba, wenn ihre Füeß et zu de Pedal nonder langet,* (bei den Profis heißt diese Fahrweise Wiegetritt), *ond d Fisch gambet em Necker,* wenn sie sich von den Wellen schaukeln lassen. Das Wort findet sich übrigens im obersten Fach der Kultur wieder, bei den Musikinstrumenten: Gambe, gleich Kniegeige oder zunftgemäß auf italienisch »viola da gamba«.

**ganga**: steht für »gehen«; vgl. auch >*gau*.

**gang ane**: »geh deines Wegs«, nimm etwas nicht wichtig. Auch in dem Ausdruck *em >Anegang* = beiläufig. *'S goht so ane* will heißen, Zeit, Arbeit oder Gesundheit sind nicht gerade besonders gut, aber es ist auszuhalten.

BRÖCKALA

*»Wo e a Hand voll Gips en da Spatzatoig gschmissa ghet han, ist mei Schwiegermutter endlich abgreist«, erzählt mit gnitzem Grinsen ein bekannter Baumaterialhändler.*

**Gansloser Teich**: Auf dem Weg von Bad Ditzenbach nach Bad Boll überquert man einen Höhenzug, zu dem der Sielenwang gehört und das Fuchseck. Ein wahrscheinlich künstlich vertiefter Einschnitt bildet den Pass und heißt »Gansloser Teich«, wie aus der Wanderkarte hervorgeht. Wasser und einen Teich aber gab es da droben bestimmt nie, damit auch keine Veranlassung, etwa einen Deich zu dessen Eindämmung zu bauen. Doch vor vielen hundert Jahren stand das Wort Deich auch für Weg oder Einschnitt.

**Garbastrickle**: kleines Hanfseil mit Holzknebel. Wurde bei der Ernte verwendet, um das vom *Mahder* mit der *Säges* geschnittene Getreide zu kleinen handlichen Garben zu binden.

AUFFORDERUNG

*Komm, gang mr weg.*

**Gasdreck**: als wertlos betrachtetes Exkrement der Gans. Ein *Gasdreckzieher* ist einer, der sich sogar um so was noch streitet.

**Gaslaosa**: geschrieben »Ganslosen«; das schwäbische Schilda. Im Jahre 1940 gab der Kohlhammer Verlag in Stuttgart eine Broschüre heraus: »Die Wallfahrt nach Ganslosen« von Karl Giselher Gössele. Darin werden allerlei Schnurren erzählt, die wohl böse Nachbarn den Ganslosern, allgemein bekannt für ihr > *Hägemark*, angedichtet haben. Diese wohl seit dem Mittelalter erlittenen Bosheiten veranlassten die Bewohner eines Tages, vom König die Änderung ihres Ortsnamens zu erbitten. Seit 1849 heißt der Ort > *Auendorf*, gesprochen *Auadorf*, angeblich auf Grund von des Bürgermeisters Vortrag beim König, der Ort solle *au a Dorf* sein wie andere.

**Gass**: Damit ist nicht nur die Gasse zwischen den Häusern gemeint, sondern das ganze Gelände ums Haus herum, Hof, Straßen, Plätze. Nicht aber der Garten, also das Stück Land, in dem Gemüse und oft sogar Blumen gezüchtet werden.

**gau**: 1) steht ebenfalls für »gehen« und wird auch in unserer Gegend recht häufig verwendet.

**gau**: 2) so langsam – (es wird) allmählich (Zeit ...); *s wird gau Wenter* – es wird so langsam Winter. Sebastian Sailer verwendet in seiner »Schwäbischen Schöpfung« ein nettes Wortspiel: Nach dem Sündenfall schmeißt der Herrgott *ällzwoi aus m Paradies* und nach erfolglosem Verhandeln resigniert der Adam: *Komm, Evale, lass ons gau gau* – lass uns endlich gehen.

**Gaude**: Spaß, Vergnügen. Zu diesem Wort, das aus dem lateinischen Gaudium abgeleitet ist, verwenden wir ausnahmsweise die Genetiv-Form: *Dr Gaude halber* geht man zu einer Veranstaltung.

**Gaul**: Pferd.

**Gäulbauer**: ein Bauer mit einem etwas größeren Hof, der sich Pferde als Zugtiere leisten konnte (> *Kühbauer*).

**Gautsche**: Schaukel. Dazu gehört das Verb *gautscha* – rhythmisch hin und her schwanken. Sogar einen Gautschbrief gab es früher. Den erhielt ein Drucker oder Setzer zum Abschluss seiner Lehre, nachdem er in einer Bütte mit Wasser gegautscht worden war.

**Gegenschwieger**: die Schwiegereltern des eigenen Kindes aus der Sicht der Eltern.

**gell, gelt**: verstärkendes Wort, das einem Satz nachgestellt wird und als Annahme einer noch gar nicht gemachten Bestätigung gilt, diese quasi als vollzogen unterstellt. Das Wörtchen wird wie ein Verb behandelt, wenn es zum Beispiel heißt: *Des schmeckt ihrem Hondle, gellet Se.*

WIE MAN SICH FÜHLT

*An unserem Tisch saß einmal eine schwerkranke Frau, die sagte, se möcht de Rest von ihrem Lebe »xond ond fröhlich« verbringe. Sotte Leut gibts, des isch doch schö.*

**gern, gerner, am gernsten**: Das gibt es nur im Schwäbischen, dass man zum Beispiel *Kässpatza gern* isst, *gerner* noch *Krautspatza, am gernsten* aber *Spätzla* mit Schweinebraten und Kartoffelsalat.

**Gfräß**: *Au, was macht der für a Gfräß na!* Da liegt schon vom Wortklang her alles drin. Mit *Gfräß* ist hier nicht allein das Esswerkzeug, ein missmutig herabgezogener Mund gemeint, sondern das ganze Gesicht. Mit anderen Worten, der Kerl hat schlechte Laune.

**gfräß**: gefräßig. Der Ausdruck wird meist in der Verbindung > *Xond ond gfräß* gebraucht.

**gheia**: sehr nachlässige Aussprache des Wortes gereuen: *Es gheit me, dass e dem Bua nex gschenkt han.* Es ist auch Ausdruck des Bedauerns: *Des gheit me aber, dass e koi Zeit ghet han, wenns bei dir so a guts Essa geba hat.*

**Giftnudel**: Das ist ein unbeliebter Mensch, der sein eigenes Leben vergiftet. Zwei Hauptsorten davon gibt es: den *Neidhammel*, den ausübenden Besitzer einer der allerdümmsten Untugenden. Er will haben, was ein anderer hat. Der *Missgonner*, also der Missgünstige, ist noch dümmer, er *vergönnt* anderen keinen Vorteil, ungeachtet der Frage, ob davon seine Situation beeinflusst ist.

**Giletwestaleible**: zeigt durch die Dreieinigkeit von französischem »gilet«, englischem »west« und schwäbischem *Leible* für ein einziges Kleidungsstück, wie polyglott wir Schwaben doch sind.

**Glufa**: Stecknadeln. *Besser als a Maul voll Glufa* heißt, dass ein angebotener Leckerbissen immer noch oder auch wesentlich bekömmlicher ist als ein Mund voller Stecknadeln.

**Glufamichel**: kleinlicher Mensch, sozusagen pedantischer Verwalter einer *gotzigen* Stecknadel.

**Glusta**: Lust auf etwas haben. *Da Glusta büeßa* – einem Gelüst nachgeben. Wenn man ein Gelüst als Versuchung definiert, dieser nachgibt und das dann als Buße bezeichnet, ist das ein seltsames Gebaren, das man kaum bei Schwaben erwartet hätte.

GLUSTA

*Ein Bauer ackert auf jenem Acker, auf dem ihm vor Jahren der Blitz seine Zugtiere erschlagen hat. Als wieder ein Gewitter aufzieht, schaut er zum Himmel und schreit wütend hinauf: »Bist wieder glüstrig auf a Paar Öchsla?«*

**glüstrig**: Es hat etwas Humorvolles, wenn man von *glüstrige Äugla* spricht und damit Wunder was meinen kann. Man kann auf *ebbes,* aber auch auf *ebber* ganz *glüstrig* sein.

**gnitz**: Wenn jemand so recht > *hehlinga* lustig ist, *drauf passt, dass r a netts Spässle macha ka, sieht mr em des an seine* *gnitze Äugla a.* Im Mittelhochdeutschen findet man »eine kleine Mücke« als »Gnitte«. Auch mit dem trügerischen Glitzern von Gneis könnte man »gnitz« in Zusammenhang bringen. Es gibt auch die Erklärung, »kein nützig« aus der hochdeutschen Schriftsprache sei zu diesem Begriff zusammengezogen. Das machte nur Sinn, falls man unterstellt, das Schwäbische sei eine Abart des Hochdeutschen. Dann müsste man übersetzen »Nichtsnutz«. Um ausnahmsweise einen englischen Ausdruck zu benutzen: das Wort *gnitz* ist ein Understatement. Wenn sich einer listig kleiner darstellt, als er ist, sagt man von ihm, er sei ein *gnitzer Siech* (dem nicht ganz zu trauen sei). Kartoffeln, die wegen Regen zu lange im Boden waren und anfangen, zu faulen, sind *gnitz*, sie täuschen.

**DR KOPF GILT FEI ET**

*»Wenn Sie mir beim Holzmache helfa dätet, no bräuchtet Se et spazierelaufa für d Xondheit«, ulkte die stämmige Bäurin im Wald. »Hab' heut keine Lust, habe schon gnug gschafft als ich in Ihrem Alter war«, sage ich belustigt. Da guckt sie mich aber groß an. »Vielleicht mit em Kopf – aber gwiß et richtig.«*

**Göckelesfriedhof**: Bei Männern vorkommender Bauch größeren Umfangs, der durch zahlreiche gegessene Hähnchen zu seiner stattlichen Form gekommen ist.

**gotzig**: Gleichbedeutend mit »einzig«. Oft negativ: *koin gotziga Pilz han e gfonda; koi gotziger ist komma.*

**Graddl**: der freie Raum zwischen gespreizten Beinen. Wenn Kinder Bockspringen spielen, muss man entweder über *da Buckl hopfa* oder *onder dr Graddl durch* (ahd. und lat. »grad« = Schritt).

**graddla**: schwerfällig gehen, sich mühsam fortbewegen. Man sagt auch *alter Graddler.*

**granatamäßig**: Dieser martialische Ausdruck wird zur Bekräftigung positiver wie negativer Adjektive verwendet. Es kann eine Sache oder ein Geschehnis, also ein neues Kleid, ein Sonnenuntergang oder eine Hochzeitspredigt *granata-*

*mäßig* schön sein, es kann aber auch *granatamäßig* kalt sein (vgl. > *saumäßig*).

**grantig**: schlechte Laune haben.

**grätig**: schlecht gelaunt sein, ungenießbar. Ein Fisch, der voller Gräten ist, ist widerborstig und kein reiner Genuss. *Dr Vadder ist heut aber arg grätig.*

**Grattel**: *En Grattel* hat, wer sich dünkt, etwas Besseres zu sein. Auch der Stolz darauf, ganz oben zu sein – auf dem Grat des Erfolges, des Ansehens oder des Reichtums.

**DER GRATTEL**

*»Heilige Muttergottes«, betete inzwischen das Mädchen, »auch du warst einmal verliebt, als du deinen Josef heiraten wolltest. Vielleicht warst du damals dem seiner Familie gar nicht so arg willkommen. Denn die stammten vom großen König David ab und hatten ganz bestimmt einen mächtigen Grattel deswegen. Und außerdem ein lukratives Zimmergeschäft. Sicher waren das die reichsten Leute in Nazareth und haben womöglich auf dich herabgesehen, auf dich, die arme Magd, wie es in der Bibel heißt.«*

Aus: Helmut Binder: Der Jungfraufels.

**gräußlich**: *arg oagnehm.*

**Grechtscheißer**: Das ist sozusagen der schwäbische Beckmesser, ein Kerl, der an allem etwas auszusetzen hat. Der *Grechtscheißer* bringt aus seinem tiefen Inneren auf unanständige Weise eine Art Minimalgewicht hervor in der Hoffnung, damit die Waage der Gerechtigkeit zu seinen Gunsten zu verstellen. Einer, der diese Waage als lachender Dritter beeinflusst, ist (auch im politischen Raum) ein > *Waagscheißer*. Ein *Grechtscheißer* ist aber auch ein Gerechtigkeitsfanatiker von jener Art, dem Gerechtigkeit, oder was er dafür hält, weit über die Freude am Leben und über den Frieden geht. »Gerecht, gerecht, gerecht muss' sein«, hat meine Mutter als warnendes Beispiel den »Kriegsruf« einer Verwandten zitiert, die schließlich, der ewigen Streitereien in ihrer Familie überdrüssig, durch Selbstmord geendet hat.

**Grind**: auch *Grieb*; die typisch schwäbische Verwendung dieser Bezeichnungen für den Kopf beweist wieder einmal, wie umfassend gebildet die Schwaben sind. Im Wörterbuch sind nebeneinander diese Worte als der Jägersprache zugehörig aufgeführt. Dort gelten sie für die Köpfe von Hirschen und Gämsen.

**ÜBLE NACHREDE**

*Je mehr Mist oiner im Kopf hat, desto mehr stinkt er aus em Maul.*

**Grombira**: auch *Krombira*; Kartoffeln. Vielleicht aus der Schriftsprache abgeleitet von Grundbirnen, wie die Knollen in Norddeutschland auch genannt werden. Vielleicht auch »krumme Birnen«. Denn urschwäbisch kann dieses Wort nicht sein, weil Kartoffeln hier erst vor zweihundert Jahren bekannt wurden. Weil sie in der Erde wachsen, sagt man auch Erdbirnen, gesprochen *Äbira* dazu. In einer Sammlung schwäbischer Ausdrücke, dem Band »Schwäbisch vom Blatt«, sind nicht weniger als elf Varianten aufgeführt. In Nord und Süd ist aber das Wort »Birne« enthalten.

**großkotzig**: Was in zahmem Schriftdeutsch großspurig genannt wird, versieht man hierzulande auch in passender Wortkombination und gleichzeitig lautmalerisch noch mit einem verächtlichen Fußtritt.

**grueba**: ausruhen, während der Arbeit oder Wanderung eine Ruhepause einlegen.

**Grüß Gott**: Das ist der übliche Gruß der Schwaben untereinander. Früher begrüßte man sich fromm mit: »Gott zum Gruße!« und meinte damit, dass Gott bei dieser Begegnung gegenwärtig sei.

**Gruscht**: > *Kruscht*

**Gschäft**: Vielseitiges Wort, das beweist, mit wie wenig Schwaben viel Unterschiedliches ausdrücken können:

*Gschäft han* – Arbeit haben
*a Gschäft han* – einen Laden besitzen
*sei Gschäft schaffa* – pflichtgemäß arbeiten

*a Gschäft macha* – einen Handel abschließen
*a Gschäftle macha* – ein besonders vorteilhaftes Gschäft machen
*sei Gschäft macha* – seine Arbeit ordentlich tun
*sei Gschäftle macha* – ein Kind sitzt auf seinem *Häfele.*

**Gschaftelhuber**: Lehnwort aus Bayern, das besagt, »einer der so tut als tät er schaffen«; wörtlich übersetzt würde es nämlich heißen *Gschäftlespfuzger* (vgl. > *Pfuzger*).

**Gscheidle**: manchmal ironisch, aber nicht abwertend: gescheiter Mensch.

**Gsälz**: > *Xälz ond Xälzbrot*

**Gsangbuch**: > *Xangbuch*

**gscheit**: Das hat zu tun mit Intelligenz, mit Klugheit, mit Lebensweisheit und ganz viel mit Lebenserfahrung. Schwaben werden darum erst mit > *Vierzig gscheit.*

SCHNELLMERKER

*Drei Jahr lang hat se me an dr Nas romgführt, aber i hans glei gmerkt.*

**Gsondheit**: > *Xondheit*

**gspäßig**: eigenartig, überraschend; es sieht aus als ob jemand einen Spaß machen würde.

**Gspons**: Ehegatte (als Teil eines Gespanns).

**gstäd**: oder *stad*; standhaft, ruhig, hauptsächlich gebraucht als Aufforderung: *no gstäd*, ruhig bleiben, nicht aufregen.

**gucka**: Man kann zu den Wolken oder auch zum Fenster hinein *gucka*, also sehen. Aber es kann auch der Unterrock *vorgucka*.

**Gugg**: Als Hauptwort ist das ein zum Behältnis gefaltetes und geklebtes Stück stabilen Papiers, *en des wo mr ebbes neidoa ka*. Mehrzahl: *Gugga*. Strafgefangene wurden früher mit *Guggabäbba* (Tütenkleben) beschäftigt. Mit *Guggabäbber* bezeichnet man einen Gefängnisinsassen. In *Gugga* kann man auch hineinblasen und bei einigem Geschick ergibt sich daraus ein Ton. Kein schöner, aber der hat vielleicht den *Guggamusikern* bei der Fasnet ihren Namen gegeben, auch wenn die inzwischen in Blech hineinblasen – genau so falsch.

**Gutsla**: Bezeichnung, die dem *selbergmachta* Weihnachtsgebäck vorbehalten ist. Dazu gehört *a Kirschwässerle oder a Likörle.* Darum wird ein einzelnes *Gutsle* selten gegessen. Denn gute *Gutsla dent maiela,* das heißt, sie schmecken nach mehr, riechen und schmecken verführerisch. Die *Gutslesbäckerei* ist untrennbar verbunden mit der Adventszeit. Und sie ist die Zeit der häufigen Kurzbesuche bei Mutter in der Küche. *Gutslesteig grapscha* ist in dieser Zeit sozusagen Familiensport.

**Gütle**: Früher hatte »der« bessere Bürger sein *Gütle*, ein kleines Gut, meistens *a klois Wiesle ama Bückale, weil des de Baura z'steil gwesa ist zom Mäha*, draußen vor der Stadt. Darauf stand a *Gartahäusle.* Das *Gütle* ist noch heute ein Refugium, in dem man sich ungezwungen aufhalten kann. Früher konnte der gute Bürger, dazu zählte hierzulande natürlich jeder Facharbeiter, der sich so etwas erspart hatte, den Hut abnehmen, den Rock ablegen – und vielleicht sogar die Krawatte lockern. Heutzutage ist das *Gütle* und sein *Gartahäusle* sturmfreie Zone für die junge Generation.

STREITKULTUR

*Die Franzosa habbet a ganz andere Streitkultur als wie mir, die habbet sogar amal en König geköpft, trotzdem des verbotta war.*
*(Ein Bauer aus dem Unterland bei einer von SWR 2 übertragenen Demonstration im Mai 2002)*

**Guu, guula**: Kommt vom französischen »goût«. Wird meist negativ gebraucht: *Des hat en Guu* deutet an, dass ein Gericht für verdorben gehalten wird. Auch im übertragenen Sinn, besonders in öffentlichen Angelegenheiten. Aber >*seeguula* hatte nach dem Krieg eine durchaus positive Bedeutung.

# H

**Habergoiß**: verächtlicher Ausdruck für »dürres Weib«. So wie er dasteht, ist der Ausdruck ein Widerspruch in sich, denn eine Ziege, die mit Hafer gefüttert wird, müsste eigentlich dick und fett sein. Eher bezieht sich der Ausdruck auf ein leichtes Stangengerüst, an das man die langen Hafergarben zum Trocknen lehnte. Je nach Landschaft nennt man solche Trockengestelle *Hoiza* oder *Goiza*.

**Haberrecha**: Aufsatz auf der Sense, durch den das Getreide gleich beim Mähen so ordentlich abgelegt wird, dass es mit Hilfe der > *Garbastrickla* leicht gebunden werden kann.

**häbig**: Ein Ausdruck, der nicht grundsätzlich für einen Menschen verwendet wird, sondern nur für den jeweiligen Zustand: gut zu haben, gefügig.

**Häcker**: Schluckauf, der von den Ärzten auf ein wiederholtes kurzes Zusammenziehen des Zwerchfells zurückgeführt wird, und das meist psychische Ursachen habe. Vor Jahrzehnten nahm die ganze Welt wochenlang Anteil an dem Dauer-Häcker eines Papstes. Vielleicht hätte ihm ein schwäbisches Hausrezept geholfen: drei Mal nacheinander ein Sprüchlein aufsagen, ohne Luft zu holen.

**PSYCHOHILFE**

HäckersprengüberdaNeckersprengüberdaRheisprengmittadreneiHäckersprengüberdaNeckersprengüberdaRheisprengmittadreneiHäckersprengüberdaNeckersprengüberdaRheisprengmittadrenei

**Häddele**: ein mageres Kind oder auch ein Mädchen, das »oben rum« erst noch ein bisschen zulegen muss.

**Häfele**: Damit kann eine kleine Schiffsanlegestelle gemeint sein, aber auch Töpferware, meistens eine solche, auf die kleine Kinder gesetzt werden, nachdem sie den Windeln entwachsen sind.

**Häftlesmacher**: Haken und Ösen waren *Häftla*. Sie wurden von Hand gebogen, was sehr schnell ging. *Schaffa wie a Häftlesmacher* heißt ganz schnell arbeiten.

**hagebüchen**: ist einer, der jener zähen Pflanze gleicht, die nicht klein zu kriegen ist. Eine Hagenbuchhecke ist dicht und winterhart. Wer bei zehn Grad Minus mit seinem Geländefahrrad einen steilen Waldweg *nauf ond nunter* fährt oder seinen Garten fertig umgräbt (> *omschara*), auch wenns > *Schlosserbuba* hagelt, der ist *a Hagebüchener*. »Der ist ein *Hagebüchener* oder ein *hagebüchener* > *Siech*« (i und e werden getrennt gesprochen) stellt auf jeden Fall eine Anerkennung dar für einen, der nicht so leicht aufgibt.

FRAGA WIRD MR DÜRFA

*Neugierig ben e et, i möchts bloß gern wissa.*

**Hägemark**: Das hat mit »hagebüchen« nur insofern zu tun, als es sich bei der Mutterpflanze ebenfalls um eine Heckenpflanze handelt, nämlich um die Heckenrose. Deren herrlich rote Früchte, die Hagebutten, – *Heckabeerla* – werden in Auendorf (> *Gaslaosa*) zur dortigen Spezialität, einem wohlschmeckenden *Xälz*, verarbeitet. Mit großen Eimern davon zogen einst die Frauen über Land und boten von Haustür zu Haustür diese Köstlichkeit an, die dann mit einer > *Schapf* in leere Gläser gefüllt wurde, die wohl jede Hausfrau dafür bereit gehalten hatte. So um 1960 herum kam es zu einem hahnebüchenen Strafverfahren vor dem Amtsgericht in Göppingen: Ein Hersteller aus Auendorf hatte sein Hägemark angepriesen als vitaminreiches Naturprodukt. Ein amtlich bestellter Sachverständiger erklärte, dass *Hägemark* überhaupt keine Vitamine enthalte und der gute Mann aus Auendorf wurde vom Amtsrichter wegen Betrugs zu einer beachtlichen Geldstrafe verurteilt. Inzwischen sagt scheints ein anderer Sachverständiger das Gegenteil, denn *Hägemark* wird jetzt in Reformhäusern als Vitaminkost angeboten. Ob der Bauer sein Geld wieder bekommen hat und ob der damalige Sachverständige sein Honorar zurückzahlen musste, weiß keiner. Auch nicht, ob der Amtsrichter sich jetzt schämt. Oder ob jetzt die Reformhäuser dran sind.

**hahnebüchen**: empörend, > *overschämt.*

**Hamballe**: trotteliger Mensch, der nicht für voll genommen wird.

**ha no**: ist die Reaktion auf Überraschendes. Diese beiden Worte können empört klingen oder angenehmes Erstaunen ausdrücken.

HA NO

*Am letzten Sonntag ihres Aufenthalts gingen die Tischgäste nach dem Essen hinaus in den herrlichen Sonnenschein. Irgendwie kam es, dass nur noch die Anni im Zimmer war, die reizende Freundin der Haustöchter. Fein gekräuseltes Haar umspielte ihre hohe Stirn, und die sorgfältig geflochtenen Zöpfe fielen auf die hochgeschlossene Bluse aus himmelblauem Leinen. Und Friedemann war da, sah den Sonnenstrahlen zu, die durch das schmale Fenster in der dicken Mauer huschten, sah das Blondhaar darin leuchten wie duftende Ähren auf dem Feld. Es war so ruhig, dass die jungen Leute nicht wussten, was sie reden sollten. Nur die Uhr tickte. Verlegen schaute Anni auf das Uhrpendel, das ruhig hin und her schwang. Verlegen schaute Friedemann auf das Uhrpendel, das ruhig hin und her schwang – tick – tack – tick – tack. Etwas knisterte ganz leise. Wie die Zuckerkristalle auf dem Salat. Dann tat Friedemann etwas, was er noch nie getan hatte in seinem Leben. Er küsste die Anni – ganz zart. »Ha no«, sagte das Schwabenmädle – ganz zart.*

**Handhebets**: Mehr als ein Handgriff. Gelegenheit, eine Sache positiv in die Hand zu nehmen oder einen Gegner anzugreifen. Gegebenenfalls stürzen sich die Feinde auf Fehler eines Amtsinhabers *wie d Gäs auf en Apfelbutza,* um den von seinem Posten zu verjagen.

**Handtuchäckerle**: sehr kleiner schmaler Acker.

**Häusle**: 1) Dieser Diminutiv für Einfamilienhäuser jeder Größe ist Ausdruck jener Bescheidenheit, die auch den Villenbesitzer nicht größer erscheinen lässt als den, der sich an Wochenenden eine Holzbude auf seinem > *Gütle* gezimmert hat. Dazu gehört auch die Behauptung, dass früher die Reutlinger *Schwarze-Wurst-Millionäre* – so genannt wegen ihrer Sparsamkeit im Essen – sich irgendwo draußen eine Scheune gemietet hätten, um dort ihr Auto unterzubringen – *'s braucht ja koiner wissa, dass mir en Mercedes hent.*

**Häusle**: 2) Meine Studentenbude hatte ich in den vierziger Jahren in einem ehemaligen Bauernhaus, zu dem ein separates Gebäude auf dem Hof gehörte. Dort konnte man – falls es nicht einem anderen saumäßig pressierte – im Licht, das durch die halbhohe Türe fiel, die postkartengroß geschnittenen Zeitungsteile nochmals studieren, bevor sie, unlesbar geworden, in einem Loch verschwanden. Ein solches Gebäude nennt man ebenfalls *Häusle. I gang aufs Häusle* bedeutete auch früher nicht, dass man im Hofe irgendwo aufs Dach gestiegen wäre, und heutzutage nicht einmal, dass man das Haus verlässt. Denn der Begriff ist sogar übernommen worden, nachdem moderne Sanitärtechnik es ermöglichte, den Ort solchen Geschehens in jede Wohnung zu integrieren. Etwas weniger vornehm klingt es, wenn man sagt, man gehe auf den *Abe*, eine Abkürzung des Wortes »Abort«, abgelegener Ort.

**Häusle**: 3) *Aus em Häusle* ist nicht etwa der *Aushausige*, sondern einer, *der wo sich wega ebbes saumäßig alteriert, sich über ebber mächtig uffregt* oder *sich oifach arg freut.*

**VON DER GERECHTIGKEIT BEIM ERBEN**

*Em 15. Jahrhundert hent sich zwoi Brüder namens Graf von Württemberg übers gräfliche Erbe in echt schwäbischer Rechtschaffenheit geeinigt und hent dabei d Realteilung erfonde. Des isch, wenn oiner Land gerecht aufteilt an seine Kender: Jedes kriegt gleich viel vom guta ond vom schlechta Land, also zwoi Äcker, en guta ond en schlechta. Wenn von dene jeder seine zwoi Äcker an vier Kender vererbt, na kriegt jeder von jedem Acker genau a Viertel – aus zwoi Äcker werdet acht kloine Äcker, aus am Ganza send scho sechzeh Äckerla worda. Wenn na jeder wieder zwoi Kender hat, kriegt wieder jeder von jedem Äckerle d Hälfte. No send s scho zwoiadreißig Stückla worda. Die Baura saget au so: se häbat do ond sell a Stückle. So isch des a paar Jahrhundert lang ganga, ond wenn mr heut vom'a Berg ronter guckt, sieht mr lauter schmale Feldla neberanander liega. Handtuchäckerla sagt mr drzue. Blödsenn isch's, aber gerecht. Ond schö ausseha tuts au.*

**heba**: meint ein Universalwort. Es bedeutet nicht etwa »hochheben«, das heißt nämlich *lupfa*, sondern eher »halten, erhalten«. *Aufheba* heißt »aufbewahren«, *heba*, heißt erhalten. *Hoffentlich hebts* drückt den Wunsch aus, dass es nicht regnet während eines Festes im Freien. *Ach so, dass d länger hebst* sagte verständnisvoll meine sechsjährige Enkelin, als sie vom Sinn der eingenommenen Tabletten hörte.

**Heckabeerla**: Oberbegriff für Hagebutten, Preiselbeeren, Schlehen und andere. Das Pflücken war *a Mordsärbet*, die nicht viel einbrachte, eben *a Heckabeerlesgschäft*, das im *Heckabeerlesgäu* auf der Alb betrieben wurde, wo man daraus auch *Heckabeerleswei* gekeltert hat, von dem man einen *Mordsballa* kriegen soll.

**hehlinga**: heimlich. *Der ist hehlinga gscheit* – der ist klüger als man ihm ansieht.

**heidanei**: Umgangssprachlicher Kommentar zu einem Geistesblitz. Ausdruck von Verwunderung oder Anerkennung. Ursprünglich die Umleitung eines unchristlichen Fluches nach der ersten Silbe. In der Sprache gehobener Stände: *heidenhinein* oder *heidensapperlott*.

DIE WELT IST SCHLECHT

*Überall ist Bschieß, bloß en dr Milch ist Wasser dren.*

**Heilix Blechle**: Wird, genau wie *heidanei,* als im letzten Moment umgewandelter Fluch ausgesprochen, auch in anerkennender Weise. Man sagt, dass im Mittelalter von kirchlichen Einrichtungen an ortsbekannte, aber auch an reisende Arme Blechmarken ausgegeben worden seien, die zum Empfang von Armenspeisung und anderen Wohltaten berechtigten. So ein Blechle war natürlich Gold wert, es sei als »Heiliges Blechlein« bezeichnet und in Ehren gehalten worden. Da viele Menschen heutzutage ihr Auto in Ehren halten wie ein Heiligtum, hat man dafür scherzhaft diesen längst vergessenen Begriff wieder ausgegraben. Und wenn die Bessere Hälfte auf dem Parkplatz einen kniehohen Eisenpfosten übersehen hat, gibt es *en Delles* und zu Hause *a Heilix Donderwetter.*

**henterscheviersche**: mit dem Hintern nach vorn, also rückwärts gehen. Auch so viel wie »das Pferd am Schwanz aufzäumen«.

SCHENANT

*Dui ist schenant wie Kächeles Katz. De sell goht henterscheviersche da Baum nauf, dass mr s Fiedla net sieht.*

**herra**: *ebbes herra* – mit etwas fertig werden, beherrschen. Zum Beispiel angewendet für die erstaunte Frage an ein Kind: *ja, herrest denn des?* (*des Mordsstück von Kucha* – oder den Hund an der Leine).

**Herrgoless**: Bis zum »o« Beginn eines Fluches, der gerade noch abgewandelt wurde – es soll wohl angedeutet werden, man meine einen Kerl aus der heidnischen Antike, den Herkules.

**Herzer**: (Mehrzahl von Herz), auch *Herzla;* gibt es nur im Doppelpack, es handelt sich nämlich um die schwäbische, anatomisch nicht ganz korrekte Umschreibung für die auch nicht ganz korrekte Umschreibung »Busen«. Es gibt ganz herzige Herzer und es gibt gewaltige Herzer. Immer aber befinden sie sich in jener Zone zwischen *Schwanahals* und *Näbele,* die früher sorgfältig verkleidet und daher unbekannt war (angeblich). Manche nannten diese Verkleidung sogar Karosserie. Seit ihrer Freilegung an internationalen Stränden und in heimischen Freibädern wissen auch solche Männer, die vorher ihre anatomischen Kenntnisse nur Werken der bildenden Kunst verdankten, warum gewisse Textilien die technische Bezeichnung »Halter« haben und *Triumph* heißen. Die schriftdeutschen Ausdrücke »Brust« und »Busen« gab es früher nur bei »Helden« oder »Kalb«, beziehungsweise nur am Meer und in Gedichten.

**Heulkätter**: weibliches Wesen, das nahe am Wasser gebaut hat.

**Himmelfahrtsnäsle**: kleine Kinder haben kleine Näschen, die oft ein bisschen nach oben – dem Himmel zu – gebogen sind. Bleibt diese Form einer bereits erwachsenen jungen Dame erhalten, dann verbreitet ihr Gesicht zeitlebens eine ansteckende Fröhlichkeit.

EBBES RECHTS

*Eine nur mittelmäßig angesehene Verwandte quittierte einst ein Kompliment zu ihrem neuen Hütchen: »Gelt, 's ist doch ebbes Rechts a mr dra. Neinaneinzig Pfennig hat's beim Wohlwert kostet.«*

**Hohenastheimer**: Dieser Ausdruck stellt den scherzhaften Versuch dar, dem guten schwäbischen Most eine den Weinsorten ähnliche Herkunftsbezeichnung zu geben – der vom hohen Ast des Apfelbaums.

**Hommele**: ganz junges männliches Kalb.

**Hommeleskopf**: ein sturer, dummer Mann.

**Hondsdadde**: auch *Hondsdaddeler*; Hundenarr, einer, dem sein Hund – oft sind es mehrere – der liebste Gesellschafter ist, aber beileibe keiner von den Misanthropen, die sagen, sie zögen die Tiere den Menschen vor, weil letztere bösartig seien. Im Gegenteil, der *Hondsdadde* sucht immer menschliche Freunde für seine Lieblinge. Das Beiwort *Dadde* wird nur im Zusammenhang mit Hunden angewandt. Es gibt keinen Vogel-, Pferde- oder Fischdadde.

**Hopfatse**: Kreidezeichnung auf dem Trottoir, als Spielplan für das Kinderspiel *Hopfa,* bei dem man nach Regeln von Feld zu Feld hüpft. *Hennadapper, Taubadäpperla, Froschhopfer* und andere tierische Bewegungsarten gehören dazu.

**Huddl**: abschätzige Bezeichnung für ein weibliches Wesen.

**hudla**: eine Sache gar zu flüchtig machen, *nahudla*. Man nennt auch einen *Fledrawisch*, das leichte Ding zum Abstauben, einen *Hudler* oder *Hudel.*

**hüh und eha**: Befehle für die Zugtiere: Vorwärts und Halt. Für Letzteres auch : *Brrrrr* oder *haaalt!*

**Huppel**: Eine kleine Erhebung ist ein *Huppel*. Beim Menschen kann er von einem Insektenstich herrühren oder von einem Gegenstand, den ein anderer bewegt hat. Früher waren *Huppel* auf der Straße recht häufig. Wenn man gar zu schnell darüber fuhr, konnte es sein, dass die Beifahrerin – Gurte gab es früher nicht – ans Dach *hopfte* und hinterher einen *Huppel* auf dem Kopf hatte.

**Hurgel**: walzenförmiger Gegenstand, z.B. aus Holz oder aus Plastilin. Manchmal auch *Rugel* genannt.

**Husele**: ganz junges weibliches Kalb.

POLITISCHE BEMERKUNG?

*Moister, d Stiefel send fertig – soll e se glei flicka?*

**hüst und hott**: Befehle für die Zugtiere: links und rechts.

**Hutzel**: Gedörrte Zwetschgen, Birnen und Äpfel sind geschrumpft, verhutzelt. Man kann daraus eine lustige Figur machen, die in der Vorweihnachtszeit den Familientisch schmückt. Das ist ein *Hutzelmännle*. Eduard Mörike hat den Namen für seinen Erzählband vom Stuttgarter Hutzelmännlein verwendet, in die er das schönste und anrührendste Märchen aus deutscher Feder aufgenommen hat, das von der schönen Lau im Blautopf zu Blaubeuren.

**Hutzelbrot**: Brot mit verhutzeltem Obst. Weil die Früchte vorher geschnitzt werden, sagt man dazu auch > *Schnitzbrot*.

**Hutzelweible**: liebenswürdige Bezeichnung für eine jener Frauen, die, insbesondere auf dem Land, durch schwere Arbeit im Freien, Rückgratverkrümmung und sonstige Alterserscheinungen eingeschrumpft, verhutzelt waren.

# I

**i**: steht für »ich« bei Betonung der Person: *Wenn i senga dät, dätet Leut davolaufa.* (vgl. > *e*)

**intressiert**: 1. der Schwabe ist an allem interessiert – an der Natur, der Physik, der Mechanik, den Sternen, der Religion und an der Wirtschaft. Jedes Lexikon gibt darüber Auskunft. 2. Aber, sparsam wie er ist, spart er sogar das erste »e« im Wort »interessiert«. Er spart nämlich ganz konsequent, weil er immer etwas Wichtiges weiß, wofür er das Ersparte noch brauchen kann – ob das Geld ist oder ein Stückle Holz. Auch dazu sagt man *intressiert*. Warum, das weiß ich nicht. Wer mir helfen will, dieses Rätsel zu lösen und mir einen Brief schreibt, dem zahle ich das Porto zurück – so *intressiert* bin ich da dran, dass ich nicht *intressiert* genug bin, das Porto zu sparen.

**ÜBERALL**

*Schimpft der Handwerksmeister: »Wo e nakomm ist's nex, ond überall ka e doch et sei.«*

**i-Tüpfele**: Ein »i« wird erst durch das *Tüpfele* perfekt. Man sagt das bei uns so, wie man in Norddeutschland vom Sahnehäubchen spricht.

**i-Tüpfeles-Scheißer**: einer, der es fürchterlich genau nimmt, bei dessen eigenen Bemühungen aber nicht viel herausschaut.

## J

**Jäst**: jäher Wutausbruch.

**jetzetle**: Das ist die Ankündigung und Bekräftigung einer guten Nachricht oder Handlung. *Jetzetle* sagt die Wirtin, wenn sie dem Gast sein *Viertele* auf den Tisch stellt.

## K

**Kalbsbrust, gefüllte**: mit Spätzla und Kartoffelsalat, und da drüber eine herrliche braune Soße – das ist ein Festessen, dessen aufwendige Bereitung laut Kochbuch sich erst ab einer Zahl von zwölf Mitessern lohnen soll. Als Kind habe ich immer meinen Vater bewundert, der dabei zum Entsetzen der Mutter die knorpeligen Enden der Knochen zwischen den Zähnen zermahlen hat. *Des > knarflet aber grauslig*, sagte sie dann.

**Käpsele**: das Gleiche wie *a > Fässle*.

**Kartoffelschnitz ond Spatza**: kommen zusammen mit einer kräftigen Fleischbrühe in den Suppentopf und werden mit einer Schmälze aus Schweineschmalz und viel Zwiebeln zu einem Leckerbissen gemacht, dessen Geruch durch das ganze Haus zieht. Dieses Gericht – nach schwäbischen Begriffen keine Suppe – war früher in schwäbischen Haushalten beliebt als Samstagsessen, weil man ja ohnehin eine kräftige Fleischbrühe bereiten musste – für *Klößles-* oder *Riebelessupp*, ohne die ein Sonntagsessen kein Sonntagsessen wäre. – Oft wird das Fleisch aufgehoben für den Montag, wo es dann *Gröschte Kartoffel* mit *Siedfleisch ond Süßsauer* gibt. »Süßsauer« sind *eigmachte Kürbis* oder *Zwetschga*. Manche sagen auch *Gaisburger Marsch* zu dem herrlichen Gericht, weil im neunzehnten Jahrhundert ein Wirt in Gaisburg bei Stuttgart hungrige Soldatenmäuler damit gefüttert habe. Dann ist aber auch das Fleisch, in mundgerechte Würfel geschnitten, mit im Topf.

DIE VIER LETZTEN WORTE ALS JUNGGESELLE

*Man erzählt sich die Geschichte von einem Schwaben, der an seinem Hochzeitstag nur vier wichtige Worte sprach:*
*Als er der Braut auf den Schleier trat, sagte er: »Hoppala.«*
*Als der Pfarrer fragte, ob er das Annele zur Frau wolle, sagte er: »Jo.«*
*Als er sich zum Hochzeitsessen setzte, sagte er: »Sodele.«*
*Als er mit der Braut ins Bett ging, jubelte er: »Jetzetle!«*

**kätschig**: unangenehm weich, wie zum Beispiel nicht fertig gebackener Kuchen oder >*gnitze* Kartoffeln.

**Katzagschroi**: Resteverwertung in der Küche: übrig gebliebenes Suppenfleisch wird in Streifen geschnitten, mit Eiern überbacken und – so heißt es ausdrücklich im Rezeptbuch – ziemlich trocken gebraten. Manche sind nicht begeistert davon und finden, der Name bestätige immerhin den Katzen einen kritischen Geschmack.

**Kehrwoche**: Seit Jahrhunderten bewährte Regel zum Sauberhalten von Haus und Garten nach dem alten demokratischen Motto: Auch an den unangenehmen Aufgaben muss sich jeder beteiligen. Es wird hierzulande als vernünftig angesehen, dass die Verantwortung in einer Hand liegt, und als gerecht, dass Arbeit und Verantwortung in regelmäßigem Wechsel verteilt wird. Wird von Drückebergern und anderen gerne als autoritär diffamiert und verspottet.

**keia**: Steht für schmeißen, werfen: *kei mr da Hausschlüssel ra.* Oder es hat *oiner oin d Trepp nonter keit* oder *na keit* (*na* (6) = hinab bzw. herab, gesprochen mit offenem »a«). Schmeißt man aber dem Chef die Arbeit hin, *hat mr s Gschäft na keit* (*na* (7) = hin, gesprochen mit nasalem »a«).

**Kendlesmacher**: Warnendes Beiwort für einen, der ein Mädle oder womöglich mehrere unglücklich gemacht hat.

**Kiehnle, Hermine**: Die Großmutter, die alles konnte. Ein Abschnitt über das schwäbische Essen wäre unvollständig ohne Hinweis auf jene tüchtige Frau, welche die schwäbische Küche wissenschaftlich beschrieben hat. Ihre »langjährigen Erfahrungen als Lehrerin und Vorsteherin der Kochschule I des Schwäbischen Frauenvereins« fasste sie 1912 in 1970 Kochrezepte und 616 eng bedruckten Seiten »Haushaltungskunde für schwäbische Hausfrauen« zusammen, wo vom Serviettenfalten über die Vertilgung von Ungeziefer bis zur Herstellung einer Kochkiste nichts fehlt. Viele Begriffe kommen vor, von denen manche glauben, sie seien neueste Erfindungen: Nährwerttabelle, Kalorien, Stoffwechselerkrankungen, Verdaulichkeit, schonende Zubereitung, Erhaltung der Geschmacksstoffe, Heizmaterial sparen. »Das Kiehnle« gehörte jahrzehntelang zu den obligaten Hochzeitsgeschenken.

**HERMINE KIEHNLE:**

*»Wo eine nicht zur angemessenen Zeit den Topf auf dem Feuer zeigende Küche sich vor uns öffnet, da spare man sich den Blick auf den übrigen Haushalt, auf Bett, Wäsche, Keller und Kontobuch des Hausherrn (!), man weiß schon im voraus ... eine wirkliche Hausfrau ist sie nicht.«*

**Kimmicher**: faustgroßer Laib aus hellem Mehl, mit viel Kimmich (Kümmel), der als Reutlinger Spezialität nur dort und in einigen umliegenden Orten angeboten wird.

**Kitzabohna**: sehr große Hagelkörner; *kitzabohnala:* sehr stark – Schlossen – hageln.

**Klembemberlesgschäft**: Kleinkram an Ware oder Arbeit, der nicht viel einbringt.

**Klembemberlestag**: den es wohl nie geben wird – Sankt-Nimmerleins-Tag.

**Klötzle**: kleiner Klotz.

A KLÖTZLE

*Glei bei Blaubeura leit a Klötze Blei, a Klötzle Blei leit glei bei Blaubeura*

**Knarfel**: Knorpel. Wird angewandt auf »schwerverdauliche« Zeitgenossen, die überall etwas auszusetzen haben (> *Kalbsbrust*).

**knatschig**: unentschlossen, widerwärtig, schlecht gelaunt. *A alta Knatsch* ist nicht unbedingt alt an Jahren.

**Knäusle**: ist das Beste am *Eignetzta*, dem Brot, dessen zum Laib geformter Teig unmittelbar vor dem Einschieben in den Ofen mit der nassen Hand »*eingenetzt*« wird. Es gibt dieses Brot hauptsächlich in der Gegend von Göppingen. Wenn es einen Auswuchs gibt oder im Backofen sich zwei Laibe berührt haben, ist die spätere Trennstelle von einer besonders leckeren Kruste umgeben. Die schmeckt so gut, dass ein Onkel von mir im Rufe stand, als Kind auf dem Heimweg vom Bäcker immer davon genascht zu haben. Seine Geschwister nannten ihn darum den *Knäusleszwicker*. Beim *Kipf*, dem länglichen Brot, das es entweder als *Roggakipf* oder als *weißer Kipf* gibt, heißt das Ende *Gipfele*.

**Knickstiefel**: Geizhals.

**Knippadeknapp**: Einer der *knappa* muss, also sich in »unruhiger Gangart« bewegt, zum Beispiel nach einem Skiunfall, aber auch bei schwerwiegenderen Schäden. Der lustig klingende Ausdruck soll das Gebrechen relativieren, aus dem negativen Bereich des Bedauerns herausheben.

**knitz**: >*gnitz*

BESCHEIDEN

*I ess et so viel auf oimal, lieber öfters ond reichlich.*

**Knui**: leicht verwundbare Stelle zwischen *Zaia* (Zehen) und >*Graddel*. Es tut oft *waih*, weil irgend *ebbes* da dran *lädiert* ist. Bei Buben ist entweder *a Ruf* (= Schorf, Grind) drauf oder *a Pflaster, weil mr ufs Knui ghaglat ist. Em Alter hat mr womöglich s Zipperle dren.*

**Kochet**: Menge, die für die Zubereitung einer Mahlzeit benötigt wird. Wird oft durch die Zahl der Esser ergänzt: *I brauch a Kochet Bohna für Femf.*

**Kommede**: Natürlich kommt das Wort von Komödie. Man meint bei uns damit, dass unnötige Umstände gemacht werden.

**Krabb**: *A goldiger Krabb* ist in der schwäbischen Grammatik immer männlich, unabhängig von der Tatsache, dass damit meistens ein unverkennbar weibliches Wesen zwischen einem und siebzehn Jahren gemeint ist. Alternativ: *A goldigs Kröttle.*

**Krautstampfer**: stämmige Beine (vgl. auch >*Füeß*).

**kriega**: bekommen oder erreichen: *I krieg mei Zügle nemme!; des Kend kriegt a Zähnle.*

**Kropf**: körperliche Missbildung, die angeblich auf unterdrückte Meinungsäußerung zurück zu führen sei – *wemmr älles en sich nei frisst. Dui kriegt koin Kropf,* bezeichnet demgemäß die »Bereitschaft zu freimütigen Äußerungen«.

**krottafalsch**: Superlativ von falsch, fehlerhaft.

**Krottagigser**: Taschenmesser eines Jungen, meistens *et grad scharf, drfür agrostet und a bissle dreckat.*

**Kruscht, Gruscht**: ungeordneter Kram, den der sparsame Schwabe aber *aufheba muaß, weil mr des Zeug ja vielleicht irgendwann amal wieder für ebbes braucha könnt.* Wer weiß, ob dieses Wort nicht zusammenhängt mit der Kruste, die das Wichtigere umgibt. Wer viel *Kruscht* hat, also, altes *Glomp*, kann darin *kruschtla*. Und wenn man es gar nicht mehr findet, hat man es *verkruschtelt*.

**Kuchemichel**: meist freundlich gemeinte Bezeichnung für einen Mann, der sich an Ort und Stelle für die Zubereitung des Essens interessiert. Er ist auch *ein Häfelesspicker* oder *Deckeleslupfer*, der sich *Versucherla* vom Sonntagsbraten abschneidet.

**Kugelfuhr**: Wer sich vorstellt, er müsse einen Wagen voller Kugeln durch die Gegend karren, braucht keine weitere Erklärung für dieses Wort, das ein heilloses Durcheinander beschreibt, ein Chaos, *des wo koiner herret.*

**Kühbauer**, **Kuhbäuerle**: Ein Landwirt, der in Ermangelung von Pferden seine Kühe vor den Wagen oder den Pflug spannte. Im Gegensatz zum > *Gäulbauer* oder *Rossbauer*, der reich war und groß, und darum ohne »le« am Ende.

**Kuhfliegetse**: Ansammlung neugieriger Menschen.

**Kutter**: der Dreck, den man im Haus oder Hof zusammenkehrt. Dafür hat man *Kutterschaufel* und *Kehrwisch*. Der *Kutter* kommt in den *Kutteroimer* und der wurde früher samstags vom *Kutterbauer* geleert. Und der hat das Zeug auf den *Kutterplatz* gefahren(vgl. auch > *Kuttla*).

NEMME SCHÖ

*Dui hängt ihren ganze Kutter zom Kloid raus.*

**Kuttla**: 1) Köstliches Gericht aus Kuh- oder Kälbermagen. Gibt es bei großen Veranstaltungen als Spezialität in allen Wirtschaften, in Geislingen zum Beispiel beim Rossmarkt am Faschingsdienstag. Ja, sogar in einem Sterne-Restaurant der Luxusklasse steht es regelmäßig auf der Speisekarte. *Kuttla* ist aber auch ein Wort, das im übertragenen Sinne verstanden wird.

**Kuttla**: 2) Oft meint man damit Teile des menschlichen Körpers, die sich innerhalb desselben oder wenigstens innerhalb der Kleidung befinden. Als kräftige Kuttel bezeichnet man zunächst eine leistungsfähige Lunge. Doch kann es auch von einer Frau mit »viel Holz vor dem Haus« oder *mit große* > *Herzer* heißen, sie habe *Mords-Kuttla*. Und wenn die gar ein Kleid mit tiefem Ausschnitt trägt, dann heißt es, *bei der sieht mr d Kuttla*. Bei mangelnder Ästhetik sagt man verächtlich: *Kutter*. Eine stämmige Bäurin hat mir einmal mit mehr Mitleid als Empörung von einem jungen Mönch erzählt, der vor ihr seine Kutte aufgemacht habe und ihr sein *ganzes Kuttlawerk* gezeigt habe. Sie meinte damit wohl etwas Männliches, das außerhalb des Körpers getragen wird.

## L

**Lachkätter**: weibliches Wesen, das aus kleinstem Anlass zu lachen anfängt.

**Lahle**: ein langweiliger, unentschlossener Mensch ohne Initiative.

**lahla**: *vor sich na lahla* meint nichts tun, nichts entscheiden.

**Lahmarsch**: einer, der nicht einmal seine Sitzfläche zu bewegen beliebt.

KORREKTUR

*»Beim Bügla gibt sich viel«, hat dr Schneider gsagt, wo r gmerkt hat, dass dr Hosalada verkehrt rom eignäht ist.*

**Lällabäbbel**: einer, der dummes Zeug babbelt oder lallt, daher wohl der Name.

**läppera**: mit Flüssigem oder Halbflüssigem nachlässig umgehen; *verläppera* – verschütten; *zammaläppera* – zusammenschütten.

**Laugawecka**: Brötchen, das vor dem Backen mit Lauge bestrichen wurde. Es schmeckt herrlich, hat aber den Nachteil, dass die Lauge Feuchtigkeit aufnimmt und das Brötchen darum sehr leicht > *lommelig* wird.

**lätschet**: ist zum Beispiel ein Textilteil, das »keinen Griff« hat.

**lätz**: falsch, fehl gelaufen. Meistens wendet man das Wort mit negativem Vorzeichen an und meint aufmunternd: *s wär net lätz, wemmr des oder selles tät.*

**leschär**: ein Wort, das jedem Schwaben geläufig ist; man kleidet sich so und manchmal ist auch der Chef ganz *leschär*.

**Letta**: Lehm. *Lettaäcker* sind nicht sehr fruchbar und werden nicht hoch geschätzt. *Lettagschwätz* ist dementsprechend eine Rede, von der nicht viel gehalten wird.

**Linsa und Spatza mit Saitawürstla**: Das ist ein derart schwäbisches Gericht, dass schon manche behauptet haben, der Esau sei ein Schwabe gewesen, weil er dafür sein Erstgeburtsrecht vergeben hat.

**Lochschnättere**: Bezeichnung für eine Funktionsstörung am Darmausgang; Durchfall.

**Lohkäs**: Leder wurde früher in einer Lauge aus den Schnitzeln von Baumrinde, vorwiegend von Eichen, gegerbt. Die Lohe wurde in runden Formen, etwa in Größe von Käselaiben, mit bloßen Füßen heraus gestampft. Der Rest war *Lohkäs*, Abfall aus der Gerberei. *Lohkäs schwätza* heißt, wertloses, dummes Zeug daherreden.

LOHKÄSSTAMPFA

*Auch Gerberlohe kam in den Garten. Gerberlohe holte man im Handwagen, der zu jedem Haushalt gehörte, bei einem der Handwerker im Gerberviertel der Stadt, wo Tierhäute zusammen mit gerbstoffhaltigen Materialien in Gruben kamen. Meistens war das Eichenrinde. Die ausgelaugten Stoffe wurden nach Gebrauch als Brennmaterial und für gärtnerische Zwecke verkauft. Das Zeug hatte einen widerlich stechenden Geruch, der erst nach Wochen verflog. Vater erzählte, dass er sich als Junge immer wieder Taschengeld verdient habe mit Lohkässtampfen. Die Jungen seien nebeneinander gestanden und hätten sich an einer langen Stange festgehalten. Jeder hatte ein Fass, in dem er die Lohe zu flachen Kuchen stampfen musste. Zehn Pfennige habe es pro Stück gegeben, aber dafür habe man lange arbeiten müssen. Hinterher habe man tagelang ganz braungelbe Füße gehabt.*

**Loitsoil**: Kühe und Ochsen vor einem Wagen haben kein Zaumzeug, sondern Joche, die an den Hörnern angeschnallt sind. Sie werden nicht mit Zügeln gelenkt, sondern mit dem *Loitsoil* am linken Horn der linken Kuh. Ziehen heißt nach links, schlenkern, damit das Seil gegen die Flanke schlägt, heißt nach rechts.

TRANSPORTPROBLEM?

*A Frau ka em Schurz meh naustraga als wie dr Ma em Sack hoimbrengt.*

**lommelig**: ist ein Gegenstand oder Mensch ohne inneren Halt.

**Lotabergbäppe**: Früher fuhr man am Himmelfahrtstag mit dem Boller Bähnle von Göppingen nach Eschenbach. Von dort aus machte man die kleine Wanderung, die man an diesem meistens verregneten Feiertag riskieren konnte, auf den Lotenberg. Bei der Rast am Gipfel gabs zum Aufwärmen dieses derbe Spiel, das viele auch als Schenkelpatschen, weniger zarte Gemüter als Arschbäppe bezeichnet haben und dabei das Gefühl größter Verworfenheit hatten. Ein Mitspieler, der Rater, musste sich bücken, damit von den anderen einer auf seinen Hintern schlagen konnte, ihm eine *bäppa*. Es gab Spezialisten, die ihre Schläge mit Anlauf verstärkten. Erriet der Getroffene den Schläger, wurden unter großem Hallo die Plätze getauscht. Aus verständlichen Gründen war das ein Spiel unter Männern, weil man ja Frauen nicht schlagen darf. Schlich sich doch einmal ein kesses Mädchen unter die Schläger und wurde erwischt, wurde ihr als Rater lediglich eine *gefitzt* (vgl. >*fitza*).

**Lotter**: An Bauernhäusern und Scheunen, wie auch an Stadthäusern sieht man heute noch gelegentlich im obersten Stockwerk an der Außenseite eine Tür und über dieser einen Balken, der in den Straßenraum hinaus ragt. An dem wurde bei Bedarf ein Flaschenzug angebracht, mit dessen Hilfe Gegenstände nach oben *gelottert* werden konnten (vgl. >*alottera*).

**Luckala**: Mancher hatte noch das Glück, einen richtigen Bauernhof zu sehen, so einen, wo es viel >*Ziefer* gab. So jemand weiß auch mit den Hühnern ein bisschen Bescheid. Denn da gab es im *Hennagarta* einen *Gockeler*, viele *Legehenna* und wenigstens eine *Gluckhenn*. Das war sozusagen die Amme vom Dienst, die Henne, die nicht nur eigene Eier, sondern auch die von ihren Kolleginnen ausgebrütet hat und nach dem Schlüpfen *von de Bibberla* voll Stolz ihrer Kinderschar vorausging und dabei unentwegt lockte und gurrte. Diesen Ruf ahmte die Bäuerin nach, wenn sie die *Bibberla* zum Füttern lockte: »Luuk luckluckluckluckluck«. Dann bekamen die kleinen *Viecher* ihr Spezialfutter vorgesetzt, körnigen Frischkäse, der aus Magermilch hergestellt war. Den nannte man darum *Luckaleskäs* oder *Bibberleskäs.*

**lupfa**: anheben, hochheben; *nauflupfa, romlupfa.*

**Luse**: Wer vorübergehend über seine Zeit frei verfügen kann, weil der Chef, der Ehemann oder so jemand verreist ist, der hat *Luse.* Nur beschränkt gleichzusetzen mit dem ebenfalls auf freie Zeit gemünzten Begriff Muse, mit dem sich aber auch die künstlerischen Fähigkeiten verbinden, die den gleichnamigen griechischen Gottheiten zugeteilt sind.

**Lugabeutel**: Das ist der Inhalt eines unehrlichen Menschen, ja er selber. Gutmeinende empfehlen ihm darum, sich im Krankenhaus den *Lugabeutel* herausmachen zu lassen.

**DER WINKELADVOKAT**

*»Mir müsset se d Wohret sage«, riet der Advokat, »lüga du no i.«*

**M**

**Ma**: Mann; die Mehrzahl ist *Mander – d Mander send heit beim Holzmacha oder en dr Wirtschaft.*

**Mädle**: Eines der wichtigsten Worte im Schwäbischen. Weil: *Ohne nette Mädla ist es nergats nett.*

**Marktromet**: auch *Märktromet.* Zum Maientag oder Jahrmarkt bekamen wir Kinder vom Großvater ein oder zwei Zehnerle, die wir zum Karussel fahren, für Zuckerwatte oder für ein > *Onaitigle* ausgeben konnten.

**maßleidig**: Wenn einem so auch gar nichts recht ist. Vielleicht, weil er es leid ist, Maß zu halten oder an sich selber anzulegen?

NET DRA RÜHRA

*»Wenn oiner maßleidig ist, derfst net amal fraga, ob d Sonn scheint, sonst gibt r dir d Schuld am Rega von gestern.«*

**maudrig**: ist, wer sich nicht wohl fühlt, wem es mau ist im Magen.

**Mauge**: auch *Maugaze*; Ansammlung von Unnötigem, Kaputtem, Vergessenem oder von längst vermissten wichtigen Sachen. Zu den bevorzugten Verstecken von *Mauga* zählen Schreibtische, Handtaschen und Nachttischschubladen.

**Maul**: Mund.

**Maultascha**: Eine typisch schwäbisch(-weibliche) Idee war es natürlich, ausgewellten Nudelteig durch einfaches Umschlagen zu Taschen zu formen und diese mit guten Sachen zu füllen. Man hat da Hackfleisch, Landjäger, Spinat, Peterling und andere Kräuter maulgerecht beieinander. Also von wegen Ravioli aus Italien oder gar Shao-Mai aus China! *Maultascha* waren das traditionelle Karfreitagsessen bei den Evangelischen, weil man die samt dem zugehörigen Kartoffelsalat schon am Tag zuvor zubereiten konnte und damit den hohen Feiertag nicht durch Arbeit entheiligen musste. Da auch Evangelische am Karfreitag kein Fleisch essen durften, kam an diesem Tag statt dessen Spinat in die Fülle. Aber weil keiner durch den Teig hindurch sehen konnte, aßen manche trotzdem »gute« *Maultascha*, das waren dann *Hergottsbscheisserla*.

*Gschmälzte Maultascha* – das Wort kommt von Schmalz und nicht von Schmelzen – mit Kartoffelsalat zu servieren, konnte auch nur einer modernen schwäbischen Hausfrau eingefallen sein. Denn vor Amerikas Entdeckung gabs nämlich bei uns noch keine Kartoffeln.

**maulfaul**: ist, wer nicht gerne redet.

**Mensch**: Dieser Ausdruck wird im hiesigen Dialekt nur mit sächlichem Artikel angewandt. *Des Mensch* ist ein Frauenzimmer, über das nichts Gutes geredet wird. Nicht immer ist damit ein *liedriches Mensch* gemeint, oft auch ein *Lompamensch*, zum Beispiel eine, die ihre Miete nicht bezahlt oder ein *verlogenes erdaliedriches Tratschmaul* ist. Sobald aber ein »*le*« dran ist, wird die Person mit Nachsicht, sogar mit Sympathie betrachtet.

**Metzelsupp**: Am Schlachttag, auf dem Land, meist irgendwann im Herbst, versammelten sich alle Helfer zur *Metzelsupp* mit Leber und Griebenwürsten samt Bauchspeck mit Sauerkraut, ordentlichen > *Brotranka* und Most.

BRANCHENFACHLEUTE

*Der Gärtner beim Betrachten des Pfarrgartens: »Da hilft älles Betta nex, Herr Pfarrer, da muaß Mist na.«*

**migga**: bremsen mit der *Migge*. Damit war die Handkurbel am Bauernwagen gemeint, die über Spindelantrieb Bremsklötze gegen die eisenbereiften Holzräder drückte. Verbunden mit dem Spott über »Beharrungsvermögen«: *Egal, da hat mei Vadder gmigget, da migg au i – ob da a Buckl ist oder koiner.*

**Mist**: Die Größe eines Bauernhofs und seines Viehbestandes hat man früher nach der Größe der Miste vor dem Haus beurteilt. Wer sagte, die beiden größten Misthaufen gingen zusammen, verkündete damit, die Erben der größten Bauern würden sich verehelichen. Wer sagte: *Dr Deifel dunget alleweil auf de größt Miste,* wollte damit zum Ausdruck bringen: »Wer da hat, dem wird gegeben.«

**Mödala**: kleine Moden – Allüren, die man als vorübergehend einstuft und nicht ernst nimmt; *des send halt so Mödala.*

**Möggel, Moggl**: Kopf.

**Moggele**: Man bezeichnet hiermit einen liebenswerten kleinen Dickkopf.

**mordsmäßig**: eine Form der Bekräftigung, die ähnlich wie > *saumäßig* verwendet wird.

**Mordsspass**: Das ist die Steigerung von *Spass*, der in Süddeutschland, wie amtlich auch in Österreich und der Schweiz eine spritzige Angelegenheit ist und darum nicht mit dem Dehnungs-ß der Norddeutschen geschrieben wird.

**muffela**: muffig riechen.

**Mugg**: flugfähiges Untier, gemeinhin als Stubenfliege bezeichnet. Hinterlässt *Muggaschiss* und wird mit dem *Muggabätscher* bekämpft.

EMPFINDLICHKEITEN

*»Den stört doch d Mugg an dr Wand,« secht mr von dem, der wo woiß, dass die Lompaviecher au fliega könnet – grad auf sei Xälzbrot.*

**Muggaseggele**: sehr kleine Einheit (siehe auch S. 39, »Ausdrücke und Redewendungen«).

**Mulle**: Schmeichelausdruck für Katze; *s Mulle streichla* – sich einschmeicheln dadurch, dass man etwas lobt, das der Umschmeichelte liebt.

# N

**na, nuff, ra, ruff**: hinab, hinauf, herunter, herauf.

**nache**: nachher, anschließend. *Kommet no nache*, pflegte meine Mutter zu sagen, wenn sich jemand verwunderte über das Verhalten älterer Menschen, sinngemäß: »wartet ab, bis ihr in gleicher Situation seid«.

**nadappa**: ohne Absicht mit *ebber* oder *ebbes* in Berührung kommen. *Gestern ben e an da Karle nadappt, wo r grad hat verreisa wölla.*

**Nägele**: kleine Nelke.

**nahagla**: kann bedeuten »hinfallen«, dann spricht man das »a« eher nasal, oder aber *ebbes* oder *ebber* fällt hinunter, dann klingt das »a« wie in »Abend«.

**na ond hott ond Deichsl a**: Schwäbische Version von »veni, vidi, vici« – *komma, ageba ond hemacha.*

**nawettera**: etwas hinschmeißen. Das kann ein Wort oder Satz sein – *mi siehgst nemme do henna* – oder *ebbes*, zum Beispiel ein Buch, über das man sich geärgert hat. Es kann aber auch *oin nawettera*, zum Beispiel wegen Glatteis, dann *wetterts oin uf da A..llerwertesta.*

**neefa**: *rumneefa*, wer eine berechtigte oder unberechtigte Beanstandung in besonders ausgedehnter Form, in Wiederholungen und in penetranter Weise vorbringt, ist *a fürchterlicha Neef*, ohne Rücksicht auf das Geschlecht. Wenn eine *Neef* außerdem noch aggressiv oder bösartig ist, sprich man von einer *Knarfel*, eigenartigerweise dann aber nur, wenn das Objekt weiblichen Geschlechts ist.

**neidappa**: ins Fettnäpfchen treten, was manchmal verdeutlicht wird durch *en d Scheiße neidappt.*

**nex**: nichts.

**nia**: niemals; die Verstärkung heißt *nia net.*

**noi**: nein.

»NOI, NOI«

*– i gang alloi hoim,« hat des Mädle gsagt, »ond wenn s net glaubst, gohschd mit«.*

**noi, noi, etta**: nein, bitte nicht.

**Nonnafürzla**: Ein Backwerk, das besonders im Oberland als Nachtisch gereicht wurde. Bekannt ist die Geschichte von jenem Domherren, der zur Inspektion in ein Nonnenkloster kam und beim Mittagessen auf das größte Stück dieser Köstlichkeiten wies mit der Bitte, ihm doch das zu reichen, *des ist gwieß des von dr Frau Oberin.*

**nuffhagla**: hinauffallen, kann aus physikalischen Gründen nichts und niemand, doch wer *a guats Vetterle* hat, kann als Versager sogar einen besseren Posten kriegen: *Der haglat doch ällaweil d Trepp nuff*, heißt es dann.

# O

**obacha**: ist das genaue Gegenteil von nicht ganz gebacken (also von unfertig); *obacha* ist nämlich > *saumäßig* gut.

**ogäb**: ist einer, der schlechte Laune hat. Norddeutsche sagen dazu »unwirsch«. Dabei sagt keiner von einem fröhlichen Menschen, er sei »wirsch«. Und noch nie hat man von einem gehört, dass er »gäb« sei. So unlogisch ist die Sprache manchmal.

DAS BECKAGSICHT

*Beim mittäglichen Schlummer auf dem Sofa stört der neue Lehrling bereits zum dritten Mal und meldet voll Arbeitseifer: »Moister, i ben fertig, was soll e jetzt macha?« »Na streckst s nackete Fiedla zom Fenster naus«, sagt der missmutig. Zehn Minuten später steht der Lehrling wieder da: »Moister, i ben fertig …« Erschrocken fragt der Beck: »Om Hemmels Willa, hast des wirklich do – was hent denn au d Leut gsagt?« »Grüß Gott, Moister«, hent se gsagt – »gucket r spaziera?«*

**ogschafft**: Geld verdienen, ohne dafür gearbeitet zu haben, kann selbst einem Schwaben verziehen werden; *ogschafft* zu sein aber, ist ein Qualitätsmangel, der auf Krankheit oder gar nichtschwäbische Herkunft schließen lässt.

**oha**: Dieser Bremsbefehl der Kutscher ist ein unüberhörbares Stoppzeichen, um einen Redefluss mit kräftigem Einwand zu unterbrechen. *Ohale* ist trotz der Verkleinerungsform noch viel energischer, es wird sozusagen mit erhobenem Zeigefinger gesprochen. Mancher sagt in solchem Falle vielleicht auch *halt amale!*

**oizecht**: einsam. *Wenn se uff da Baosler wellet, no müsset se an sellam oizechta Boom vorbei* (wenn Sie auf den Bossler wollen, müssen Sie an jenem einsamen Baum vorbei).

**oizig**: einzig, meist verstärkt durch oi: *Oi oiziger Ma ist komma.*

**Onaitigle**: auch als *Aonaitigle* gesprochen. Ganz klar, etwas Unnötiges. Aber, wie das freundliche *le* klarstellt, etwas Unnötiges, das man einfach so zum Vergnügen haben konnte.

**Ölgötz**: In der Zeit der Bilderstürme nach der Reformation wurden die Darstellungen von Heiligen und deren Verehrung als Götzendienst verfolgt. Ein gemalter Heiliger oder ein entsprechendes Standbild war also ein Götze in Öl. *Der stoht da wie a Ölgötz*, also schweigend und reglos.

**omasonst**: Meist ist damit gemeint: vergeblich. *Des ganze Gschur ist omasonst gwesa* – die ganzen Scherereien waren vergeblich; nicht zu verwechseln mit »umsonst«, es sei denn, dass ausdrücklich darauf hingewiesen wird. So wie vor einigen Jahrzehnten in einer Kleinstadt im Filstal, deren Namen edelmütig verschwiegen wird: »Für Altbürger gibt es das Sauerwasser am neuen Brunnen umsonst.«

VIRTUELLER OFEN

*D Ofatürla standet offa! (Vorsicht – Kinder hören mit!)*

**oms Nomgucka**: von einem Augenblick zum andern.

**omschara**: umgraben mit dem Spaten (*a Beetle em Gärtle*). Manche sprachen von ihrem Spaten auch als von *dr Schar*, anlehnend an die Pflugschar des Bauern. Man sagt auch einfach *schara* oder *abschara,* wenn zum Beispiel ein Graben ausgehoben wird *(*vgl. *> schara).*

**overschämt**: Wird *overschämt* gelogen und betrogen, dann ist es *hahnebüchen*, was so ein > *Lugabeutel* erzählt.

**Oxaschwanz**: ein Ochsenschwanz, vom Metzger in Stücke geschnitten, wird mit Zwiebeln, Kräutern, Rotwein (natürlich Trollinger) und anderen guten Sachen stundenlang geschmort. Mit Spätzla oder Knöpfla und einem Fläschle Trollinger ein Hochgenuss.

**oxond**: Lieblingswort *von de Xondheitsapostel*, gilt für Äpfel vom Baum (*Würmer*), gekaufte Äpfel (*Chemie*), Pilzesammeln (*Tschernobyl*), Winter (*Grippe*), Sommer (*Ozon*), Gehen in der Sonne (*Sonnastich*), Laufen im Regen (*sauer*), kurz für alles, was > *Spaß* macht.

# P

**Pedäterle**: Wenn man etwas »vielleicht« bekommt oder ein Ereignis »vielleicht« eintritt, dann ist das ein *Pedäterle* (von französisch »peut-être«).

**Peitschastecka**: Im Gegensatz zum Namensgeber etwas Angenehmes, nämlich eine geräucherte Wurst, die auch unter den Namen Landjäger oder > *Bauraseufzer* zur Marschverpflegung eines Wanderers gehört.

**VERDAMMTE TECHNIK**

*»Nex hao ist a scheas Leba«, hat s Emile gsagt und hat dr Frau ihren Fleischwolf in da Kutteroimer gschmissa, »weil des nuimodische Glomp oms Verrecka net funktioniert«.*

**Pfeisalessupp**: Mehl und Ei, zum dünnen Teig verrührt, mit Salz und Muskat gewürzt, lässt man durch ein Sieb langsam in Fleischbrühe tropfen. Man kann *Pfeisala* aber auch in eine Pfanne tropfen, leicht anrösten und zur Hirnsuppe geben.

**Pfitzauf**: Ebenso wie *Ofaschlupfer* eine beliebte schwäbische Süßspeise.

**Pflätsch**: Wenn einem die Unzufriedenheit im Gesicht steht, dann macht der eine *Pflätsch*; oder, noch schlimmer, *der lässt sei Pflätsch rahänga.*

**Pforzemer Säckel**: Keine Beschimpfung, denn je reicher der Mann, desto größer sein Säckel, in dem er Gold mit sich trägt (vgl. auch S. 40 »Ausdrücke – Redewendungen«).

**pfuzga**: Steht einmal für ein pfeifendes Geräusch, dann aber auch für »platzen vor Mitteilungsbedürfnis«. *Nauspfuzga* heißt »vor Lachen platzen«.

**Pfuzger**: Lautmalerische Kurzbezeichnung für die Entsorgung des inneren Menschen. Der *Pfuzger* hebt sich deutlich von einem Wort der modernen Theatersprache ab. Er ist für den Verursacher physisch eine Erleichterung, psychisch eine Peinlichkeit und für die Umgebung *oagnehm*. Die Produkt- und die Täterbezeichnung lauten gleich. Sie gilt gelegentlich auch für den Klang einer Autohupe. Die Feststellung, *von dir hört mr ja koin Pfuzger*, ist aber kein Kompliment, sondern ein Vorwurf an einen Freund, der sich schon lange nicht mehr gemeldet hat, was auch schriftlich oder telefonisch hätte erfolgen können. *Der tut keinen Pfuzger mehr* ist die biologisch zutreffende Feststellung, dass der organische Stoffwechsel endgültig eingestellt, der Betroffene, Mensch oder Tier, also tot ist.

**POLIZEI EN DR RESIDENZ**

Eine wahre Geschichte

*Es ist noch dunkel, als ich meinen Wagen in Stuttgart in eine Parklücke rangiere. Zwei Stunden später komme ich zurück und erwische eine kurzberockte Politesse, die sich an ihm zu schaffen macht. Sie hat mir das hinter den Scheibenwischer gesteckt, was die Angelsachsen freundlich als Ticket bezeichnen, als ob man damit U-Bahn fahren könnte. Meine Verhandlungsversuche scheitern am Zeigefinger der Uniformträgerin. Er zeigt auf ein Schild, das besagt, ab 8 Uhr ist hier Parkverbot. »Und jetzt ist es halber Zehne. Und den Zettel hab i au scho ausgschrieba. Wäret Se doch fünf Minuta bälder komma«, sagt die Gestrenge vorwurfsvoll, nachsichtig und bedauernd. Noch während ich nach meinem Geldbeutel krame, kommt eine pelzbemantelte schicke Dame zu uns her und fragt die Wahrerin des Stadtgesetzes: »Wo kontrolliered Se jetzt?« – »Als Erstes ist d Nesabachstraß dran«. – »Oh, je, da hab i grad mei Auto hingstellt. Könnet Se net wo anders anfanga?« – »Wie lang brauchet Se denn ond wo steht Ihr Waga?« – »A halbe Stond, no bin e fertig. Glei da vorne steht er, sehet Se, der blaue Mercedes.« »Also, dann fang i halt wo anders an, ond komm die Nesabachstraß von hinta her. Aber gelt, bis i vorne ben, send Se weg!« Sprachs, kassierte meine fünf Mark und verabschiedete sich freundlich: »Ade, gelt heut ist a schönes Wetter.«*

**Plaaz**: Beim Backen von Holzofenbrot wird ein Teigrest als flacher Fladen und nach Belieben mit Kimmich, Zwiebeln, Äpfeln, Pflaumen oder Ähnlichem belegt und im Ofen ausgebacken. Diesen Kuchen isst man möglichst frisch aus dem Ofen, auf jeden Fall aber warm, zum Kaffee oder Most.

**prägla**: sehr ausgedehnt über ein Thema sprechen, ohne interessantes Neues vorzubringen. Ob der Vortragende als *Prägler* anzusehen ist, bestimmen die Zuhörer.

**pressant**: *ich hab's pressant.* In einem bekannten Sketsch von Häberle und Pfleiderer beendet der eine ein längeres *Schwätzle* mit der überraschenden Redewendung: ... *wo ich's doch so pressant hab.*

**pressiera**: es eilig haben. Hier gibt es ganz verschiedene Ausdrucksformen: *mir pressierts; jetzt pressierts aber langsam; bei dem pressierts arg, der hat nämlich d > Lochschnättere.*

## Q

**Quatsch**: *Des ist doch Quatsch, Opa*, sagte der vierjährige Heiner, als ich ihm einen Bären aufbinden wollte.

## R

**Radelrutsch**: Das ist, modern ausgedrückt, ein Surfbrett auf Rädern. Außerdem hat es eine Lenkstange. In meiner Kinderzeit hatten auch Kinder ärmerer Eltern eine *Radelrutsch*. Und die hatten damit mindestens gleich viel Spaß wie die heutigen Besitzer von Hightech-Geräten, die ganz ähnlich aussehen, aus Aluminium sind und Cityroller heißen, wenn sie zwei, Kickbord, wenn sie drei Räder haben. *Radelrutsch-Rennen* auf den mangels Autos verkehrsberuhigten Straßen waren ein *Mordsspass*, der regelmäßig Verbrauch an Hansaplast für zerschundene Knie zur Folge hatte.

GUT GWÜRZT

*ist, wenn mr d Leffel drei mal abschlecka muaß, bevor mr raus hat, was für gute Sacha em Essa dren send.* Happig gwürzt *ist, wenn's arg rausschmeckt.*

**Raffel**: Beliebtes Küchengerät aus hartem Material zum Kleinmachen von Sachen durch eifrige Bewegungen (raspeln). Auch ein allzu eifrig bewegter Mund (nicht etwa ein »hässlicher«, wie es im Duden heißt) ist *a Raffel*, die kann sogar bildschön sein – solange sie zu bleibt. Es kann damit aber auch deren Besitzerin gemeint sein – *Etz stoht dui Raffel scho wieder am Eck ond tratscht ebbes rom.* Oft ist und hat *a Raffel* auch *a > Saugosch.*

**Rage**: Man bringt jemand in *Rage*, d.h., man ärgert ihn, macht ihn wütend (aus dem Französischen).

**rahagla**: Dieser Begriff deutet die Richtung »herunter« und große Intensität einer Bewegung an. So wie der Hagel hart von oben kommt.

**Rang**: *da Rang kriega*; ein (inneres) Hindernis überwinden, entspricht dem norddeutschen Ausdruck »die Kurve kriegen«, wobei im Schwäbischen die Ranke = Kurve eben mit weichem »g« gesprochen wird.

**Ranza**: 1) Das Wort ist gebräuchlich für den Schulranzen, der vor zwei Jahrzehnten bei jüngeren Schülern wieder die Schulmappe abgelöst hat, nachdem man entdeckt hatte, dass diese schuld war an frühzeitiger Rückgratverkrümmung. Man bezeichnet aber auch einen Buckel am Rücken als *Ranza*.

**Ranza**: 2) Während der Ranzen auf dem Rücken dem Transport externer Güter wie Schulheften dient und leicht abgenommen werden kann, wird der gewachsene *Ranza* als > *Göckelesfriedhof* vorne getragen und ist nur sehr schwer wieder loszukriegen.

WÄHLBAR

*Lieber en Ranza vom Fressa als en Buckel vom Schaffa*

**räs**: ist der Most, wenn der Gärungsprozess eingesetzt hat. Er ist *nom* (hinüber, jenseits des süßen Lebens), spritzig-säuerlich, *a bissele räs*. Und wenn gar nichts mehr übrig ist von der Süßigkleit, und nicht einmal mehr von der Spritzigkeit des jungen Mosts, dann ist der *ganz räs*. Wenn ein Mensch *räs* ist, dann ist es *lätz*. Manchmal ist der sogar *ganz a Räser*, oder *a räser Siech, ond des ist koi Gueter*.

**Ränkloda**: auch *Renkloda* oder *Ringlota*; große gelbe Pflaumen, benannt nach einer Königin namens Claude.

Die süddeutsche Aussprache *Ränklode* ist also keineswegs falsch für die gelbe Steinfrucht, die in Baumschulen und auf Obstkisten häufig auch als Reneklode oder Ringelotte bezeichnet wird.

**Reigschmeckte**: Das Wort bezieht sich eigentlich auf Menschen, die nur kurzfristig hereinschmecken – hereinschnuppern sagt man anderwärts, so wie in die Küche der Hausfrau, bei Schnupperwochenenden von Hotels, Schnupperpreisen bei Zeitungsabonnements und so weiter. Riechen, schmecken und schnuppern werden im Übrigen hierzulande nicht unterschieden.

Während des Krieges mussten viele Bewohner deutscher Städte ihre Heimat verlassen, entweder weil ihre Häuser bereits von Bomben zerstört waren oder weil große Gefahr dafür bestand. Diese Leute wurden vielfach in Süddeutschland untergebracht und sie betrachteten ihren Aufenthalt in Erwartung eines baldigen Kriegsendes als kurzzeitig, als Hineinschnuppern verwöhnter Norddeutscher oder gar Berliner Großstädter in das nach ihrer Ansicht rückständige Süddeutschland. Kein Wunder, dass man sie unter Übernahme ihrer eigenen Ansichten mal verärgert, mal freundlich-spöttisch als *Reigschmeckte* bezeichnete. Das klang immer noch freundlicher als der amtliche Ausdruck »Evakuierte«. Die Bezeichnung wurde später, als wegen des Kriegsverlaufs aus dem Schnuppern Daueraufenthalte wurden, auch für Millionen von Flüchtlingen und Vertriebenen, zum salopp und manches Mal auch abfällig benutzten Allgemeinbegriff für Leute, die von Amts wegen zur Unterbringung und Versorgung eingewiesen worden waren in Dörfer, in denen bisher Fremde genau so unbekannt gewesen waren wie die Auswirkungen des Krieges. Nach wenigen Jahren hatte sich das damals geändert. Heute bezeichnen sich nur *Reigschmeckte* selber so – scherzhaft. Eine Diskriminierung ist damit keinefalls verbunden.

**REIBUNGSWÄRME**

*»Also, was entsteht, wenn du deine Hände fest aneinander reibst?« fragt der Lehrer in der Physikstunde. »Riebela«, antwortet wahrheitsgemäß der Bub.*

**Riebelessupp**: *Riebela* (Mehrzahl) sind das, was auf dem Tisch liegt, wenn man einen festen Teig aus 2 Eiern, 150 g Mehl und Salz – und einem Eigelb extra – durch das Reibeisen gerieben hat. Sie werden in Fleischbrühe gekocht, geschmälzt oder mit Schnittlauch bestreut.

**Riester**: Fachausdruck der Schuster für einen aufgesetzten Lederfleck. Auch Bezeichnung für ein böses Weib, dann mit sächlichem Artikel.

EBA!

*»So wie mr schafft, so isst mr au«, sagte der Meister zu dem faulen Gesellen, als der beim Essen der Schnellste war. »Recht hent r, Moister, genau so lang«, sagte der.*

**Ripp**: Klar, dass diese Bezeichnung für ein Eheweib einen absolut paradiesischen Bezug hat. Denn dort wurde die liebreizende Eva aus einer Rippe des Mannes geschaffen. Auch hier typisch: wenn ein Begriff herabsetzend auf eine Frau bezogen ist, wird er mit dem sächlichen Artikel versehen: *des Ripp*.

**roifla**: einen Reif antreiben, aber auch selber schnell laufen, gleich wie *saua* oder *sprenga*.

**rom ond nom**: nichts anderes als »herüber und hinüber«, »hin und her«.

**romdreckla**: unsystematisch und langsam arbeiten.

**romstiera**: unsystematisch herumsuchen.

**Rolle**: Machen können es auch die kleinen Mädchen, haben tun es aber nur die kleinen Buben. Was andere mit dem Wort meinen, heißt bei uns > *Wargel*.

**Rossbolla**: Bei Kleingärtnern und Spatzen beliebtes Verdauungsprodukt der Pferde. Offizielle Bezeichnung »Pferdeapfel« – im Gegensatz zu »Pferdestärke« sichtbar.

**Rossmucka**: Sommersprossen.

**rudla**: rühren, herum rudern, wild gestikulieren.

**ruhele**: eine kleine Ruhe halten, man sagt dazu auch *grueba* (geruhen). Und wer *gruebt* und dabei *a Nickerle* macht, der tut vielleicht dabei:

**ruhesla**: schnarchen.

# S

**Sack Zement**: Unverkennbar die Lautähnlichkeit mit einem verbotenen Fluch; unverkennbar, auch, dass erst *onderwegs* das Wort geändert wurde, ähnlich wie in *sapperlott* oder *heidanei*.

**Sankt**: Das Attribut »Sankt« ist im Schwäbischen zum Teil des Namens geworden. Der Titel »Heiliger« wird noch davor gesetzt, ungeachtet der Tatsache, dass damit doppelt gemoppelt wird. Z. B. in *Heiliger Sankt Florian, verschon mei Haus, zünd andre an.*

KALORIENFRAGE

*Muest dr halt a Weib vom Land nemma, no hast au a Sau drhoim.*

**Sau**: weibliches Schwein. Für den bäuerlichen Haushalt war die Sau im Wortsinn das Sparschwein par excellence – in ihm sammelte sich aus Resten ein stattlicher Vorrat an. Dass es zum Schimpfwort wurde, ist ungerecht. Doch so wird es verwendet – in allen möglichen Zusammensetzungen, genau wie im Schriftdeutschen. Als Vorsilbe ist *sau* aber eine Steigerungsform. Man kann ein *Sauglück* haben – oder *en Saudusel* – mit der Arbeit, mit der Heirat und mit der Erbschaft. Auch in der Bezeichnung: *dauba Sau*; trotz der femininen Form Schimpfwort auch für Männer: *Du dauba Sau, du dauba*!

**saua**: laufen. *Sau Vadder!* ist keine Beschimpfung, sondern eine sportliche Aufforderung.

**'s saut**: es regnet sehr heftig.

**Saubergele**: Zwischen Göppingen und Jebenhausen war wahrscheinlich früher eine Sauweide. Da es vor dem Bau der neuen Asphaltstraße dort *saumäßig steil einen saumäßig großen Buckel* hinaufging, war der Ausdruck »*Bergele*« eine klare Untertreibung. Seit Anfang des 20. Jahrhunderts beliebter Spielplatz der Göppinger Buben. Im Winter bot die zugehörige *Sausteige*, also die Fahrstraße, eine prächtige Schlittenbahn.

**saudomm**: durch höchste Instanz geadelter Ausdruck für ungeschicktes Verhalten (vgl. S. 20).

**Saugosch**: geschlechtsneutrale Bezeichnung für Menschen, die sich lautstark ungewählt auszudrücken pflegen.

**Sauigel**: sehr derber Mensch.

**sauigla**: Begriff aus der schwäbischen Meteorologie. Er bedeutet, dass es sehr heftig regnet. Damit bezeichnet man aber auch einen so genannten Herrenabend mit Witzen aus der untersten Schublade.

**saumäßig**: noch viel mehr als enorm. Dieser tierische Ausdruck wird zur Bekräftigung positiver wie negativer Adjektive verwendet. *Saumäßig groß* oder *saumäßig kloi* ist möglich. – *Desch aber a saumäßig schnells Auto, aber des andere ist elend langsam; dui sengt scho saumäßig schee; des Mädle ist scho saumäßig schee; heit ist's saumäßig kalt ond erst gestern no hat d Sonne >granatamäßig ronterbrennt.*

HÖCHSTES EIGENLOB

*»Gellet Se Frau Dokter, onsere Gäst hats saumäßig gschmeckt,« sagte stolz die Köchin nach dem Fest.*

**Saumoggl**: Das ist ein Dickkopf von der unangenehmen Sorte.

**schaffa**: arbeiten; Haupttätigkeit des Schwaben, die er nur zum Schlafen, Essen und selten auch für das Wirtshaus unterbricht. *A gueter Schaffer* ist man, *en Schaffer* tut man; *en gueta Schaffer doa!* heißt »ein ansehliches Stück Arbeit erledigen«.

**schäffla**: Wer das Schaffa nicht mehr dringend nötig hat, es aber doch nicht bleiben lassen kann, *der schäfflet vor sich na* oder *so ane.*

**schalu**: verrückt. *Mach me net schalu!* (frz. jaloux = eifersüchtig, eifrig bedacht sein auf etwas).

**schandahalber**: Man meint damit, »um eine Schande zu vermeiden«, also zur Wahrung des Ansehens, muss etwas getan werden, z. B. etwa schenken, zur Beerdigung gehen und Ähnliches.

**Schapf**: Schöpfkelle aus Holz oder Metall. Beim Brotbacken ein flaches Gefäß an langer Stange, mit dem der Teig in den Ofen geschoben wird. Dann wird die *Schapf* gedreht, damit der relativ weiche Teig für das *Eignetzte* ordentlich beieinander bleibt.

**schara**: graben, Erde (ab)scheren, (ab)schaben, > *omschara.*

**schassa**: jemand unfreundlich entlassen, davonjagen (von frz. chasser = jagen).

**scheints**: anscheinend. *Scheints* wird im Schwäbischen aber auch gerne zur Ankündigung einer Erwartung anstelle »voraussichtlich« und damit viel häufiger benutzt als die schriftdeutsche Variante. *Scheints scheint heut no d Sonn.*

**Schell**: Eine kleine Glocke, wie sie früher durch den *Schellazug* von der Haustür oder gar vom *Gartatürle* aus in Betrieb gesetzt wurde. Auch die elektrische Klingel wird noch vielfach als *Schell* bezeichnet. *A Schell* ist aber auch eine weibliche Person von ganz und gar nicht hohem Ansehen. Es kann sein, dass man so jemand auch als *Schendmärr* (Pferd, reif für den Schinder) bezeichnet.

**ZUNGENBRECHER**

*Schellet se net an sellre Schella, sella Schell schellt et; schellet se an sellra Schella, sella Schell schellt.*

**schenant**: ist ein junges Mädchen z.B. am Anfang der ersten Tanzstunde, was sich durch häufiges Erröten bemerkbar macht.

**schenkelbatscha**: salonfähiger Ausdruck für > *Lotabergbäppe.*

**Scherratse**: Was man aus einem Topf *raus scherrt,* (das Angesetzte) zum Beispiel die leckere *Schubetse* bei Dampfnudeln.

**Scheurapurzler**: ein unzuverlässiger Mensch ohne Halt.

**schier**, **schiergar**: In kaum einem Wörterbuch findet man heute dieses schöne Wort, Letzteres gar nicht. In älteren Ausgaben steht außer »Mehrzahl für Schi (Ski)« noch »veraltet für beinahe«. *Schiergar* ist aber noch mehr als das, es heißt »fast gar«, wobei *gar* für »absolut fertig« oder »perfekt« steht. Doch es gilt: *schiergar ist et ganz.*

**Schlabbergosch**: Lautmalerischer Ausdruck für eine Person, aus deren Mund viel kommt, doch wenig, dem man Substanz zuschreiben könnte.

**Schlabbergöschle**: Das ist der schmeichelhafte Ausdruck für das unentwegt plappernde Mäulchen eines kleinen Kindes.

HELLSEHER

*Der Schlaule sieht dr Kuah am Euter a, was en Paris dr Butter kostet.*

**Schlaule**: kluges Kerlchen. Ende des vorigen Jahrhunderts war auch vorübergehend die englische Übersetzung gebräuchlich: *Cleverle* – als politische Beschimpfung, doch nicht ohne Respekt. Auch ironisch für einen, der sich für besonders schlau hält.

**Schleifetse**: Glatteisbahn, früher gelegentlich von Kindern für Sportzwecke auf dem > *Trottwar* angelegt, und, falls von Neuschnee verdeckt, ab und zu Anlass für Beinbrüche Erwachsener.

**Schlosserbuba**: Wenn ganz große Hagelkörner fallen, dann macht man hier gleich *Schlosserbuba* draus, vielleicht, weil man mit dem norddeutschen Begriff »Schlossen« nichts anfangen konnte.

**schmälzen**: Erstaunlicherweise findet man immer wieder, auch in ernst zu nehmenden Kochbüchern, das Wort »schmelzen«. Das wäre richtig, ginge es nur darum, Fett flüssig zu machen, zum Beispiel um mit zerlassener Butter Reis oder Teigwaren eine zarte Note, eine »geschmackliche Geschmeidigkeit« zu verleihen. Doch *Gschmälzte Spatza* sind keine geschmolzenen Spätzla. *Schmälzen* dient dazu, rustikalen Speisen einen kräftigen Geschmack zu verleihen. Dazu werden üblicherweise Zwiebeln mit Schmalz (oder anderem Fett) gebräunt.

**schmeissa**: werfen. *Schmeiss mr mei Athletatriko ra, i muss oin dalga* (aus einem Pforzheimer Witz über einen auf korrekte Kleidung bedachten Ringer). Das Wort ist bekannt aus dem Lied *von d Schwäbischa Eisebahna: »Schmeisst r was r schmeissa ka, dem Kondukteur an d Aora na!«* Als Kinder kamen wir uns ganz mutig und verworfen vor mit der derberen Version – *an Schädel na* –, weil die von den Eltern verboten war.

KLEINER UNTERSCHIED

*Omasonst ist fei no lang net gschenkt.*

**Schnackler**: Schaltgeräusch, das man zu hören vorgibt, wenn einer (endlich) etwas kapiert hat. Am Vierzigsten kontrolliert man echtes Schwabentum mit der Frage: *Hats en Schnackler do?*

**Schnäpperle**: Etwas unter der Hose, das kleine Buben von kleinen Mädchen unterscheidet.

**Schnellkätter**: terminbezogene Bezeichnung für Durchfall.

**Schnitzbrot**: Auf Weihnachten werden *dörrte Zwetschga, Äpfel ond Birna, Nüss, Schnäpsla* und noch ein paar andere gute Sachen nach Hausrezepten in den Brotteig gemischt. Dünne Scheiben davon, mit Butter bestrichen, werden von vielen den besten *Gutsla* vorgezogen.

**Schnokahuster**: Ein nicht für voll genommener Mann, von dessen Äußerungen nicht mehr zu halten ist als vom Husten einer Schnake.

**Schnuckele**: Ein nettes *Kindle*, das gern *schnuckelt.* Der Ausdruck wird auch gerne angewandt für Kinder über sechzehn, sofern weiblichen Geschlechts.

**scho**: meist hintersinnig gebrauchter Zusatz. Er bezeugt Skepsis (*s wär scho recht, wenn et...*), Missbilligung (*kommst au scho daher*) oder Begeisterung (*des ist scho a feine Sach*). Als ganzer Satz gesagt, ist die Missbilligung unüberhörbar: *Wie gfallt dr mei neue Freundin? – Scho,* sagt die Mutter und meint damit: *Guck de lieber no a bissle om.*

**Schodosößle**: Leckerbissen aus meiner Kinderzeit mit dem Duft von Verruchtheit. *A Schodosößle* gab es zum Nachtisch bei Festessen. Kinder bekamen nur ganz kleine Mengen davon, wo da doch Alkohol drin war. Es kann kalt oder warm zu Pudding, eingemachtem Obst oder Bisquits gegeben werden, kommt natürlich aus dem Französischen und wird dort »chaudeau« geschrieben.

SCHODOSÖSSLE

*2 Eier, 1 Eigelb, 60 g Zucker, Zitronenschale und ¼ l Weißwein werden in einer Messingpfanne auf schwachem Feuer bis vors Kochen geschlagen und unter Schlagen in eine Schüssel geschüttet.«*

Aus: Hermine Kiehnle, Kiehnle-Kochbuch

**Schubetse**: Das ist für Kenner das Beste an den Dampfnudeln, nämlich die Kruste, die sich ergibt, wenn man beim Dämpfen etwas Salz oder Zucker in das Wasser gibt. Die wird abgeschoben oder zusammengescharrt (vgl. > *Scherratse*).

**Schüle**: kleine Schule. So nannte man früher den Kindergarten. Wenn die Kinder ins *Schüle* gingen, hatten sie ihre *Schülesdose* umhängen, das war ein Ding wie eine Botanisiertrommel, in der sie ihre *Schüleswecka* mitnahmen.

**Schwäbische Eisebahn**: Mit den neuen ökonomischen Herausforderungen schwelgte man in Fremdworten. Französisch war Mode. Und so kaufte man bei der Eisenbahnstation ein *Billett*, das an der *Contrôle* oder *Barriere* vom *Kontrolleur* gelocht wurde, nachdem man am Schalter seine *Bagage* aufgegeben hatte, dann ging man auf den *Perron* der Station und gelangte über den *Perron* des *Waggons* in das *Coupé* der entsprechenden Klasse (es gab vier), wo *occasionnal* vom *Kondukteur controlliert* wurde. Die *Schwäbische Eisebahn* wurde besungen in dem gleichnamigen Lied.

**Schwätz**: *en Schwätz oder a Schwätzle macht mr, schwätza dut mr.*

**schwätza**: sich unverbindlich unterhalten. Ja, sogar *schwätzela* kann man, das ist noch unverbindlicher, aber auf

## SCHWÄBISCHE EISEBAHN

*Auf dr schwäbscha Eisebahna*
*Gibts gar viele Haltstationa*
*Stuagert, Ulm ond Biberach,*
*Meckabeura, Durlesbach*

*Auf dr schwäbscha Eisebahne*
*Wollt amal a Bäuerle fahra,*
*Goht an Schalter, lupft da Hut:*
*A Billettle, send so gut.*

*Einen Bock hatt er gekaufet.*
*Dass des Tier ihm net verlaufet,*
*Bendet es der gute Ma*
*An da letzte Wage na.*

*Böckle, tu no tapfer sprenga,*
*S' Fressa werd i dir scho brenga,*
*Also sait der gute Ma*
*Ond zendt sei Maserpfeifle a.*

*Mo des Zügle wieder staut,*
*Dr Bauer noch seim Böckle schaut.*
*Er fendet bloß no Kopf ond Soil*
*An dem hentra Wagetoil.*

*Da packt den Baur a Baurazora,*
*Ond er den Goißbock bei de Hora,*
*Ond schmeißt n was er schmeißa ka*
*dem Kondukteur an d Aora na.*

*Des ist des Lied von sellam Baura,*
*Der wo sein Goißbock hat verlaura.*
*Goißbock ond sei traurigs End.*
*Hemmelstuagartsapperment!*

jeden Fall freundlich. Man kann auch *sich verschwätza*, das heißt, zu lange beim *Schwätza* verweilen. Aber man kann auch andere *verschwätza*, das ist eine böse Sache, das heißt nämlich, andere anschwärzen. Ganz schlimm ist es aber, wenn einer kommentiert: *do schwätzt oim ja s > Fiedla.* Dann will er sagen, dazu könne man also nur noch...

**Schwätzer**: Ein Hauptwort mit den Superlativen *Dommschwätzer* und *Leerschwätzer*.

**Schwertgosch**: Menschen, die ihr Mundwerk als scharfe Waffe einsetzen, haben und sind eine solche. Bei Politikern gelegentlich karrierehemmend.

**Seegfriere**: Wenn der Bodensee so zugefroren ist, dass man vom deutschen zum Schweizer Ufer über das Eis gehen kann.

**seeguula**: Wenn etwas nach der See, also dem Meer, schmeckt (also riecht). *Seeguula* taten unsere Zelte, die wir als Kinder über de > *Bettsonnlatta* bauen durften, indem wir *Rupfen* darüber zogen. Diese *Rupfen* waren Jutegewebe, in die das für die elterliche Strickerei bestimmte Garn eingenäht worden war. Sie hatten einen intensiven, leicht stechenden Geruch nach Abenteuer. Nach dem Krieg hat mancher diesen Ausdruck gelegentlich mit Stolz und Ehrfurcht benutzt. Wer nämlich Glück und Verwandte in den USA hatte und von denen ein Carepaket bekam, der konnte dem vielleicht ein halbes Pfund duftende Kaffeebohnen entnehmen. Diese und das damit hergestellte Getränk rochen nach Übersee: *Der Kaffee do duet seeguula.* Ansonsten gab es in jener Zeit ja nur Kathreiners Malzkaffee (auf Nährmittelmarken) mit *Zigore* (= Zichorie) zum Färben. Das war auch die Zeit, in der man von jener Tante schwärmte, von der es hieß, sie besitze eine Kaffeebohne, die sie am Baumwollfaden in die Tassen geliebter Menschen hänge, damit auch sie teilhaben am Geschmack des Echten.

**selbander**: zu zweit, miteinander. *So möcht au i gern sei selbander,* bittet in Sebastian Seilers »Schwäbischer Schöpfung« der Adam den Herrgott um ein Ehegspann.

**selbigsgmal**: damals.

**ADAMS WUNSCH**

*Älle Tier wo i gseah,*
*Send älleweil a Pärle gwea,*
*Älleweil mitnander.*
*So möcht au i gern sei selbander.*
*Wenn ihr mir koi Gspons dent geba,*
*Könnt i ja nemmemei so leba.*

**Semsakrebsler**: Es gibt Weinstöcke, die eignen sich vorzüglich zur Begrünung von Hauswänden, weil sie so gut *krebsla*, das heißt, an der Hauswand hochklettern können. Außer der dekorativen roten Färbung bekommen sie im Herbst auch Trauben, deren Geschmack allerdings nicht mit der Schönheit des Laubes mithalten kann. Wenn ein sparsamer Schwabe daraus trotzdem einen Wein keltert, so ist das ein *Semsakrebsler*, dessen lautmalerischer Name auf manchen sauren Wein übertragen wird.

**Sex**: natürliches Bedürfnis, auch im Ländle. Je nach Konfession angeblich nur bei *zuene Vorhäng ond aussenem Licht* oder zu Reproduktionszwecken zulässig. Die zugehörigen Ausdrücke werden während der pubertären Phase schwäbisch ausgesprochen, später dann nur noch selten benutzt, z.B. bei Alkoholisierung oder bei sittlicher Entrüstung.

**Siebazwetschga**: Zwetschgen sind zweifellos hoch geschätzte Früchte. Ihr Name dient auch als Oberbegriff, wenn das Hab und Gut von einem gemeint ist, der wenig hat. Er nimmt seine *Siebazwetschga* mit auf die Reise, muss sie zusammenpacken, wenn er ein warmes Plätzle wieder räumt.

**Siech**; *a Siech* (i und e getrennt gesprochen) ist ein Kerle, vor dem man Respekt hat, einer mit Ecken und Kanten. Meist gehört ein Attribut dazu, wie eigensinnig, zäh, hagebuchen oder raffiniert. Doch auch wer sich besonders dumm anstellt, wird so bezeichnet, der ist dann *a daober Siech*. Zu unterscheiden von *ama Bettziech* (nichts Unmoralisches, sondern ein Bettbezug).

**sodele**: Man könnte übersetzen »so, das ist getan«, zum Beispiel, wenn die Bedienung das bestellte Viertele auf den Tisch stellt. Es kann aber auch belehrend gemeint sein: *Sodele, das hast du von deinem Eigensinn.*

QUALITÄTSFRAGE

*»Des kannst de Hasa geba«, sagt man für Wertloses.*

**Soifasieder**: Handwerker, der in der alten Ständeordnung nicht hoch angesiedelt war. Heute als Bezeichnung für einen Zeitgenossen eher herabsetzend. Positiv ist allerdings der Ausspruch: *Mir goht a Soifasieder auf,* der für die Bekanntgabe überraschender geistiger Erleuchtung steht.

**so isch no au wieder**: drückt die Ambivalenz von Leben und Betrachtungsweisen aus.

**sönnala**: Wer, Mensch oder Tier, den zarten Sonnenschein von Frühling oder frühem Morgen genießt, tut sich *sönnala*, weil es ja noch nicht reicht, sich richtig zu sonnen.

**Sonntigshäs**: Ein *Häs* ist ein Kleidungsstück, das Wort wird aber vorwiegend angewandt als Wertschätzung. Zwar gibt es auch ein *Wertigshäs* für den Werktag, aber diese Bezeichnung wird selten verwendet.

**sotte**: auch *sottige*; Hinweis auf psychische oder moralische Unterschiede zwischen Menschen. Dient oft als höflich zurückhaltende Antwort auf vorgebrachte Klagen oder Klatsch: *s gibt sotte ond sotte*. Oder: *S gibt sottige ond sottene, aber mehr sottene äls sottige.*

**sottene**: damit sind dann die gemeint, von denen es angeblich mehr gibt.

**spara**: Es ist erstaunlich, dass sich um diesen im Schwabenland sehr hoch gehaltenen Begriff nicht auch so ein Ring von Begriffen gebildet hat wie um das Wort *schaffa*. Es gibt lediglich etliche Redensarten, die sich damit befassen.

**Spass**: Um es klarzustellen – *Spass* ist eine lustige und spritzige Angelegenheit, darum mit zwei »s« zu schreiben und mit kurzem »a« gesprochen, was auch dem Stammprinzip der Rechtschreibreform entspricht – *Spass* kommt von ital. *spasso*.

SPARERSPRÜCHE

*1) Schaffa, spara, Häusle baua, Hond verkaufa, selber bella.*
*2) Von de Reiche ka mr s Spara lerna – ond von de Arme s Kocha.*

**Spässle**: Die typisch schwäbische Variante vom *Spass*, eine, die Vergnügen an der kleinen Form hat, mit Schmunzeln statt lautem Lachen. Wichtig ist, dass man auch die verkleinerte Form der spritzig kurzen Aussprache gemäß mit zwei »s« schreibt und nicht mit »ß«.

FOLGERICHTIG

*Aus manchem Spass wird Ernst – on aus manchem Spässle ist scho a Ernstle worda.*

**Spätzla**, **Spatza**: Wichtigstes Nahrungsmittel der Schwaben, über deren Herkunft ein riesiges Bukett von Spekulationen verbreitet ist. Dabei liegt es doch wahrhaftig nahe, dass eine hehre Germanin aus dem Stamme der Sueben den Hafer-, Gerste- oder Dinkelbrei, der Morgen für Morgen den Frühstückstisch ihrer stolzen Familie geziert hat, einmal in kleine Stückchen geschnitten oder zu kleinen Wargeln gerollt, und die dann ins heiße Wasser geworfen hat. Die Verfeinerung mit ein paar Eiern kann man ja dem Stamm der Tüftler auch noch zutrauen, wie es die spätere Erfindung von *Spatzahobel* und *Spatzapress* nahe legt.

Höchste und doch kaum noch beherrschte Kunst einer modernen Hausfrau ist es jedoch, wenn sie nach altem Brauch *Spatza schaba*, also mit Messer und > *Spatzabritt* zubereiten kann. Die wichtigsten Spezialitäten, also Weiterentwicklungen oder kulinarische Spielereien sind, *Spinatspätzla, Leberspätzla, Krautspatza* und *Kässpatza*. Das sind Beimischungen der jeweils ersten Worthälfte, teils zum Teig, teils zu fertigen *Spatza* in Pfanne oder Auflaufform. Dazu gehören auch *Pfluderspatza*, das sind frische Spätzla, gut abgetropft und im Wechsel mit dicken Schnittlauchschichten in einer Auflaufform mit vielen geschlagenen Eiern gebacken.

**Spatzabritt**: Früher unerlässlicher Bestandteil jeder Küche: Auf ein Brett von etwa 15 cm Breite und 20 cm Länge, an einer Seite mit Handgriff, am anderen Ende angeschrägt, wird Teig gestrichen und von dort mit einem Messer in schmalen Streifen direkt in kochendes Salzwasser geschabt. Das gibt dann *handgschabte Spätzla*.

**stad**: ruhig, zurückhaltend. *Etz sei bloß stad (oder gstäd).*

**stiera**: herumrühren. Ein Betriebsprüfer vom Finanzamt oder ein Untersuchungsausschuss *stiert* in den Akten herum und in dem, was manche lieber unter der Decke hielten.

**Stömple**: kleiner »Stumpen«, Rest in Flasche oder Glas. *A Stömplessaufer* ist einer, der in der Wirtschaft an verlassenen Tischen *die Stömpla* austrinkt.

**stonza**: stibitzen, heimlich wegnehmen.

**Storra**: dürrer oder verkrüppelter Ast. *A störrischer Siech* ist ein widerborstiger Mensch.

**stracka**: Etwas derberer Ausdruck für »liegen«, der aber in einigen Orten keineswegs als derb gilt, sondern »sich ausstrecken« im Sinne von »gemütliches Liegen« meint.

**stupfa**: leicht in etwas hineinstechen, zum Beispiel in einen Luftballon, einen Finger oder ins Wasser.

### D GLOCKASTUPFER

*Im Dreißigjährigen Krieg marschierten die Schweden auf das Städtle Nordheim bei Heilbronn zu. Die wertvollen Kirchenglocken versenkte man zur Sicherheit im Neckar. Doch hinterher wusste keiner mehr die richtige Stelle. Darum sind die Bürger wochenlang auf dem Fluss herumgerudert und haben mit langen Stangen nach ihren Glocken gestupft. Anfang 2001 haben die Nordheimer ihren Vorfahren und ihrem Spitznamen ein Denkmal gesetzt mit einem Brunnen, der gekrönt ist von der lebensgroßen Skulptur eines Suchenden (Arbeit von Henning Seemann).*

**Sünda fürchta**: große Bedenken haben wegen der moralischen Zulässigkeit oder gar wegen eines Verstoßes gegen die obligate schwäbische Sparsamkeit. *I dät me Sünda fürchta, wenn i da mitmacha welt.*

**Supp**: Früher – vor Schlankheitsrezepten und schneller Küche – unverzichtbarer Bestandteil eines ordentlichen schwäbischen Mittagessens. Eine *Supp* ist aber stets Vorspeise, meist Fleischbrühe mit Einlage wie dünne *Suppanudla, Sternla, Pfeisala, Markklößla* oder *Flädla*, aber auch *Hirnsupp, Eibrennta* und viele andere. Kinder machen gerne Leseübungen in der *Buchstabasupp*.

## T

**Toig**: Teig. *Em Toig sein*; wer gerade dabei ist, den Brotteig zu kneten, macht eine Arbeit, die er nicht leicht unterbrechen kann. Wer im Haushalt oder Büro *bis zu de Ellaboga em Toig steckt*, kann seine Arbeit nicht ohne weiteres unterbrechen.

### TOILA

*Es gibt die Geschichte von dem jungen Mann, der seinem Vater vorgeschwärmt hat über die Eintracht in der Familie seiner neuen Flamme, einer Waise mit vier Geschwistern. Doch der erfahrene Alte fragte als Erstes: »Hent se scho toilt?«*

**toila**: Dabei ist hauptsächlich das Aufteilen einer Erbschaft gemeint.

**Topfa, Töpfla**: Kinderspiel mit dem Topf. Das ist ein fünf bis zehn Zentimeter hoher Kegel aus Holz, der auf die Spitze gestellt, mit einer Peitsche zum Rotieren gebracht wird. Das erfordert Geschick und Schnelligkeit. Daher stammt vielleicht auch der Ausdruck *Töpfla* für einen kleinen Zwischenspurt.

### KARFREITAG

*Besonders verpönt war an diesem Tag das beliebte »Töpfla«. »Da peitscht man den Heiland«, hieß es.*

**tratscha**: Das manchmal systematische Herumtragen von Nachrichten negativen Inhalts, oft ohne Nachprüfung oder Erörterung des Wahrheitsgehalts.

**Trottwar**: Gehweg, Gehsteig (von frz. trottoir). Natürlich gibt es auch *a Trottwärle*, das ist ein fußbreiter Streifen Land zwischen Hauswand und Kandel, wie er zu Beginn der Auto-Epoche in den Städten Leuten ohne Auto zur Benutzung überlassen wurde.

**Trottwarbeleidiger**: grobe oder heruntergekommene Schuhe.

**tüftla**: systematisches Suchen nach dem *Tüpfele* auf dem »i«, nach der Vervollkommnung einer Arbeit.

SELBER MACHA

*Klagt der Meister über die Leistungen des Buben, den seine Frau mit in die Ehe gebracht hat: »S ist halt nex, wenn mr s et selber gmacht hat.«*

**Tüftler**: Man nennt die Schwaben das Volk der Tüftler. Der *Tüftler* ist sein eigener Lehrmeister und sein Lehrling zugleich, vernarrt in eine Idee, vielleicht traurig, doch unbeirrt nach einer Niederlage, glücklich nach dem Erfolg, doch nie überheblich, denn es gibt keinen Besiegten, über den er triumphieren könnte oder wollte. *Tüfteln* besteht aus meditieren, konstruieren, modellieren, phantasieren, fascinieren, improvisieren, ausprobieren, finanzieren, akzeptieren, alterieren, engagieren, organisieren, registrieren, manipulieren, sinnieren, optimieren und wieder meditieren – und das alles, bis es klappt. *Tüfteln* ist endloses Lernen, das nach jedem Erfolg fortgesetzt wird, das nach jedem Misserfolg von Neuem beginnt. Und wenn endlich alles klappt und keine Schwachstelle mehr zu finden ist, sucht der Tüftler nach neuen Möglichkeiten für seine Schöpfung, die dann neue Probleme mit sich bringen. Damit beginnt wieder das Sinnieren, das Probieren, Registrieren... eben das *Tüfteln*. Vielleicht wird das *Tüfteln* auch nur fortgesetzt, weil sich der Erfinder davor scheut, sein Werk publizieren und damit antichambrieren zu müssen, um endlich den Lohn der Arbeit zu kassieren. Wenn ihm dieser Erfolg versagt wird, endet manchmal alles mit resignieren, vielleicht sogar mit ruinieren...

## U

U ist im Schwäbischen meist zu »o« geworden, darum sind hier alle Worte, die man heutzutage amtlich mit der Vorsilbe »um« schreibt, unter »om« bzw. »o« zu finden.

**Überzwerch**: Das Fleisch »über dem Zwerchfell«. Es ist von Fett und Gallert durchzogen, also kein glattes Stück. *Grad wie a überzwercher Siech.*

## V

**ver-**: ist, als schwäbische Variante oft auch nur *vr* gesprochen, umfassender als die allgemein bekannte Vorsilbe »ver-«. Sie steht oft auch dort, wo man im Schriftdeutschen »zer-« sagt. Bei uns zertrennt man nicht, man *vertrennt*, es zerbricht nichts, es *verbricht. Wer des Teller verbrocha hat,* ist demnach kein Verbrecher. Ein Buch kann nicht nur von einem missgünstigen Kritiker *verrissa* werden, sondern auch von einem spielenden Kind. Ein Kleid ist *verknittert*, im Sommer wird man von den Schnaken *verstocha*, der Rasen ist *vertrampelt* und die frisch geputzten Fenster sind schon wieder *verdappt.* Wenn die Beute *verteilt* wird, tun sich die Diebe womöglich *verdöffla*, das heißt *verhaua.* Vielleicht sogar wird einer dabei *verstocha,* was dann im Polizeibericht »erstochen« geschrieben wird. Und wenn einer für ganz und gar *loolig* gehalten wird, dann sagt man von ihm: *Des ist a Kerle wie dr Depp von Beena, den hent d Gees auf am Misthaufa vertrappt.*

### DER ZEPPELIN

*Vater erzählte oft davon, dass an einem Sommertag – es muss im Jahre 1910 gewesen sein – ein Zeppelin ganz in der Nähe landen wollte und in einem Birnbaum hängen geblieben sei. Das sei am Saubergele gewesen, wo die Buben gerade spielten. Mit Kärrala seien sie d Sausteig hinunter gefahren. Da habe ihn der Graf Zeppelin hergerufen und ihm gesagt, er solle schnell in die Stadt laufen und die Feuerwehr holen. »Ond no ben e losgroiflet wie no nie.« (Es war allerdings nicht der Graf persönlich, sondern sein Flugschiffkapitän Dürr, nach dem in Göppingen und Umgebung mehrere Straßen benannt sind.)*

**verbäppt**: zusammengeklebt, zum Beispiel, wenn die Haare verschwitzt und ungekämmt sind.

**verbobbera**: ungeduldig auf ein bestimmtes Ereignis warten.

**verbomfidla**: etwas verdummen, vermurksen.

**verdwischa**: in flagranti ertappen.

**vergrata**: Manche Frauen glauben, dass dem Lieben Gott sein Werk vom sechsten Tag »nicht wunschgemäß geraten« sei. Darum habe er dem *vergratena Ma* die Eva zur Seite gestellt.

»OINER PASST AUF DA ANDERA AUF«

*– sagte der Herr Bundespräsident Heuss, als er vor dem Betreten einer Kirche seine Zigarre auf einem Mäuerle ablegte.*

**verheba**: Natürlich kann auch ein starker Schwabe zu viel anheben und deswegen einen Bruch kriegen oder eine Sehnenzerrung. Dann heißt es aber, er hat sich *verlupft*. Wenn von hinten aber ein schwerer Wagen drückt und man den nicht mit körperlichem Einsatz abbremsen kann, kann man den nicht *verheba*. Wenn einer aber ganz dringend muss, und *es nemme verheba ka, kriegt er nasse Hosa* – oder noch Schlimmeres.

**verkasemaduggla**: etwas umständlich erklären; auch: jemanden verwirren.

**verkirna**: sich verschlucken. Bitte nicht wörtlich nehmen, keiner kehrt das Innere nach außen. Verkirnen heißt, dass jemand »falsch gekirnt« hat. »Kirnen« oder »kernen« bedeutete mittelhochdeutsch »Kerne herausnehmen, entfernen«. Wer sich also *verkirnt*, hat dabei einen Fehler gemacht, der Kern ist ihm vielleicht in den Hals gerutscht und nun muss er schrecklich husten – Gelegenheit für den Partner, ihm kräftig auf die Schulter zu schlagen, oder aber, vom Jahrgang abhängig, einer *verkirnten* Dame zart dorthin zu küssen. Auch das zeigt Wirkung.

**verklauba**: sortieren, komplizierte Zusammenhänge erklären.

**verkuttla**: ein Problem miteinander bereden und eine Lösung aushandeln.

**versaufa**: Wer sein Geld *versoffa* hat, kann ins Wasser fallen und dort ertrinken, also *versaufa* (passiv). Hat einer Haus und Hof *versoffa*, tut er sich vielleicht hinterher *versäufa* (aktiv).

SONST NEX?

*»Was gibt's zom Essa?« »Eigmachte Kellerstaffla ond Ameiseknui«*

**verscheppera**: Was man nicht im regulären Verkauf, sondern um jeden Preis loshaben will, wird mit lautem Gescheppper angeboten.

**vertlaufa**: entlaufen, davonlaufen (und zwar *ebber*); im Gegensatz zu *sich verlaufa.*

**vertwarta**: *des ka der vertwarta* – der hat etwas zu gewärtigen.

**verwarta**: erwarten.

**verzähla**: man kann *ebber ebbas verzähla,* oder aber *sich verzähla,* was etwas ganz anderes ist.

**verzwazla**: unter Zeitdruck warten müssen, ungeduldig sein, verzweifeln.

**Vesper**: In der katholischen Kirche wird vor Sonnenuntergang eine Messe gelesen, die Vesper. Wenn zu der die Glocken riefen, war das für die Menschen auf dem Feld ein Zeichen, dass bald die Abendmahlzeit beginnt. Was man dann aber zu sich nimmt, ist *das Vesper.* Sechs Mahlzeiten am Tag waren bei einer Arbeitszeit von 10 Stunden – in der Landwirtschaft oft mehr – noch in den Dreißiger Jahren normal: *Kaffee* vor Arbeitsbeginn (vor 6), *Vesper* um 9, *Mittagessa* (immer warm) um 12, *Mittagskaffee* (mit einem Stück >*Kälzbrot*) um 3, *Vesper* (Schwarzbrot mit etwas Butter, manchmal auch Wurst) um 5, nach Arbeitsschluss um 7 gab es zum *Nachtessa ebbes Warms,* zum Beispiel *Gröschte Kartoffel* oder *ebbes Aufgwärmts vom Mittag.*

Erhalten hat sich die Vesperpause um neun in Betrieben und Schulen. Die Mittagspause, die in Betrieben und Behörden, wie heute noch vielfach in Frankreich, zwei bis drei

Stunden währte, wurde wegen des Zeitverlusts auf den langen Heimwegen abgeschafft. Den Mittagskaffee gibt es inzwischen nur als Abschluss vom Mittagessen oder als gesellschaftliches Ereignis an Festtagen.

Und nach der Arbeit »isst man zu Abend«. Gibt's kalt, dann heißt es *Vesper*, gibt's warm, dann sagt man *Nachtessa*.

> TIMING
>
> *A mancher kommt erst drher, wenn scho gschafft ist ond no et gvespert.*

**Vesperwirtschäftle**: Ziel mancher Wanderung, falls man nicht ein zünftiges Rucksackvesper mitgenommen hat.

**Viecher**: Heute noch der Oberbegriff für Nutztiere: Rinder = *Küa*, Kälber = *Husela*, Schweine = *Säu*, Gänse = *Gees*, Hühner = *Henna*, Enten und vielleicht auch Tauben. Es gab aber auch unter den Bauern schon immer Feinfühlige, die etwas gegen den Begriff *Viecher* hatten, weil die ja auch Geschöpfe unseres Herrn seien. Sie sprechen von ihre *Tierla*. (Gäule zählen ohnehin nicht zu den Viechern, die sind nämlich *ebbes Bessrs* und heißen oft Rösser, so wie auch die *Gaulbauern* oder *Rossbauern ebbes Bessrs* sind).

**Vier Buchstaba**: Wie auch im Kasten auf S. 53 erwähnt, stimmt die Zahl nur unter Berücksichtigung der Regel, dass »ch« als ein Buchstabe zählt. Doch als Basis für die Umschreibung von Götzens Vorschlag: »er aber kann mich ...« eignet sich der Ausdruck durchaus. Dann sagt man nämlich: *Du kannst mi femferla!*, was frei übersetzt etwa heißt: »... und fünftens kannst du mich dort..., wo die Vier Buchstaben sind.«

**Viertel**: Damit war ein kleines, meist von den vier nächstgelegenen Wegen oder Straßen umgebenes Gebiet innerhalb einer Stadt oder Siedlung gemeint, auch *Flanka* genannt.

**Viertele**: Synonym für Wein in üblicher Portion. Wer von einem *Viertele* spricht, meint damit nichts anderes als einen vollen Viertel Liter Wein, und nicht etwa ein inzwischen oft gebräuchliches Fünftel. Wer einfach *a Viertele* bestellt, meint damit den Hauswein und verlässt sich darauf, das der gut schmeckt. *Meistens wird a Viertele em Henkelgläsle drherbracht (oder bronga).*

*A Achtele* ist die Hälfte von einem *Viertele*, und wer nach etliche *Viertele* ans *Hoimganga* denkt, trotzdem es gar so gemütlich ist, bestellt sich noch eins zum Abschluss – *oft au oins oms andere.*

**GSCHAFFT IST NA SCHNELL**

*1948 tagten auf dem Hohenneuffen die Ministerpräsidenten der von den Besatzungsmächten geschaffenen Länder Württemberg-Baden, Württemberg-Hohenzollern und Südbaden, um die Gründung des Landes Baden-Württemberg vorzubereiten. Dort haben sie sich offenbar recht gut verstanden, denn Reinhold Maier – der von Nordwürttemberg – erzählte später, dass dabei »Täleswein« in unvorstellbaren Mengen geflossen sei – nach dem Motto: »Erst trinket mr no a Viertele, gschafft ist na schnell.«*

**Viertelesschlotzer**: Genießer, der sein *Viertele* in kleinsten Schlucken zu sich nimmt und auf der Zunge *vergeha* lässt, damit er den Wohlgeschmack des Weines auch voll auskoste. Ein *Viertelesschlotzer* ist ein Feinschmecker. Das bevorzugte Getränk von einem schwäbischen *Viertelesschlotzer* ist der Trollinger, den jede tüchtige Bedienung bereit hält, sobald ein graues oder gar weißes Haupt in ihrem Revier auftaucht.

**Viertelesmeister**: Das ist einer, dessen markanteste Eigenschaft es ist, dass er *de Viertela* zuspricht.

**Viertelmeister**: Früher ein städtischer Beamter, der sowohl als Straßenkehrer wie auch als Kontrolleur, z.B. über die Einhaltung von Bauvorschriften, über das pünktliche Kehren vom *Trottwar* oder das Rückschneiden von Hecken fungierte.

**vierzig**: Magische Zahl für jeden Schwaben, weiblich und männlich. *Da wird mr endlich gscheit.* Darum wird der vierzigste Geburtstag stets mit großem Aufwand gefeiert. Wenn es sich irgendwie einrichten lässt, fängt das Fest schon am

Vorabend an, und die ganze Gesellschaft wartet, wie an Sylvester auf den Glockenschlag, nachts um zwölfe auf den >*Schnackler*, mit dem der Jubilar zum *Gscheiten Schwaben* wird. Ab dieser Sekunde *gilt oiner als a gstandener Ma – ob mr Bua ist oder Mädle.*

> **40**
>
> *Mit vierzig wird der Schwab erst gscheit – die andere net in Ewigkeit.*

**Visimatenda**: Dummheiten, schikanöse Schwierigkeiten.

**Vizinalsträßle**: ganz kleine Straße zwischen Dörfern und Gehöften. *Vizinal* hieß in der Verwaltungssprache: nachbarlich, die Gemeinde betreffend.

**voll**: steht für vollends, vollenden. Etwas *voll trinken* kann nur der Schwabe: *Trenk dei Glas voll leer.* Man sagt aber auch: *No glaub e des halt au no voll,* wenn man sich nicht um die Größe des Bären streiten mag, den einem einer aufbinden will.

# W

**Waagscheißer**: Einer, der durch die unappetittliche Zugabe eines Gewichts, das einem Dreck gleichkommt, die Waage beeinflusst. Beim Kinderspiel, also außerhalb der Politik, ist es der, der in der Mitte einer Wippe steht und durch Gewichtsverlagerung die Geschichte am Schaukeln hält.

**wäggerle, wäckerle**: wahr, wirklich (tatsächlich) wahr.

**währle**: wahrhaftig.

**währle wahr**: wahrhaftig wahr.

**Wargel**: Rolle, die man *wargla* kann, das heißt, herumrollen. Wenn Bauern im Wald einen gefällten Baum in handlichen Ein-Meter-Stücken zum Zwischenlagern aufsetzen, *dann kommt äls no a Wargl drzua.* Weiteres Beispiel: *A Rauschkugel ka uff dr Straß romwargla – oder glei en da Graba nei.* In meiner Kindheit wurde beim Asphaltieren die Straße mit flüssigem Teer besprüht, dessen überlaufende Rinnsale wir Buben nach dem Erkalten gesammelt und *gwarglet* haben – zum Leidwesen unserer Mütter, denn es gab noch keine Vollwaschmittel für Bubenhände und Hosentaschen. Natürlich gibt es auch ein *Wärgele*. Das ist zum Beispiel ein Kind zwischen ein und zwölf Jahren, das noch im Babyspeck ist. Und wenn der mit vierzig immer oder wieder dran ist, dann ist deren Besitzerin – sofern sie ansonsten eine angenehme und freundliche Person ist, und nur dann – a *Wärgele*. Andernfalls höchstens a *Wargel* oder gar *a fette Wampa*.

DOMME FRAG

*»Nochber, was machst?« – »A Deichsl für a Suppaschüssel.«*

**wärgla**: etwas hin und her drehen. Man *wärglet* auch ein Problem im Kopf herum.

**Wefzg**: ist eine Wespe. Wenn aber einen eine Wespe gestochen hat, sagt der nicht etwa: *mi hat a Wefzg gstocha*, weil sechs spitzige Konsonanten hintereinander – *fzggst* – kein Schwabe zwischen den Zähnen hervor kriegt, wenn es zudem auch noch *saumäßig* weh tut. Man reduziert: *Mi hat a Wefstocha*.

**weg sellem**: aus diesem Grunde.

**wella**: wollen. Konjunktiv: *wett*.

**wetza**: schnell laufen, auch Fußballspielen. *Straßawetz*: zwischen den Wohnhäusern, *Heckawetz*: irgenwo auf einer Wiese, zwischen Hecken, wo einen der Bauer nicht gleicht erwischt.

**woidle**: schnell.

**wonderfitzig**: neugierig, erpicht auf Neuigkeiten.

**Wonderfitz**: Neugierde. *Mi treibt der Wonderfitz om* meint, ich möchte zu gerne wissen, ...

LEBHAFTIGKEIT

*Der hat a Wefzg em Hentera.*

# X

**X**: wird mehr gesprochen als geschrieben. Bei uns wird die Vorsilbe »Ge« immer zum einfachen Konsonanten »G« verkürzt. Und wenn ein »s« folgt, klingt es halt wie »X«. Daher die Scherzfrage nach drei Begriffen mit X: *Xangbuch, Xondheit, Xälzbrot.* Über Letzteres aber steht Wichtiges unter >*Xälzbrot.* In einschlägigen Geschäften der Schweiz und an dortigen Skiliften wird »Skiwaxen« angeboten. Dort schreibt man auch amtlich, wie man spricht. Bei uns schreibt man halt, wie anderswo auch, nur Kalbs- und Schweinehaxen mit »x«.

**Xälz**: Aus den ganzen Früchten der besten Obstsorten, die lediglich entsteint werden, mit Zucker und manchmal nach Geheimrezepten mit sparsam dosierten natürlichen Zutaten angereichert, macht es die gute schwäbische Hausfrau zur Versorgung der eigenen Familie und zum Verschenken. Gelegentlich meinen manche, dass *Gsälz* etwas Gesalzenes sei, so wie »Gselchtes« bei den Bayern. Als vorsichtige und selbstbewusste Schwaben schützen wir uns aber vor falschen Interpretationen und schreiben das Spitzenprodukt einheimischer Einkochkunst mit »X«, so wie man spricht. Verwechslungen mit Nachahmungen und Industrieprodukten (nach EU-Verordnungen »Marmelade« oder »Konfitüre« genannt) werden dadurch ausgeschlossen. Das Namensrecht für *Xälz* liegt damit ausschließlich bei unseren süßen Schwäbinnen und Schwaben.

**NEX GOHT ÜBER NEX**

*Wer nex glernt hat, ka au nex vergessa.*

**Xälzbrot**: Wie der Name schon sagt: das ist eine Scheibe Brot mit *Xälz* beschmiert. In meiner Kinderzeit galt es als selbstverständliche Nachbarschaftspflicht, dass Kinder den Nachbarn halfen beim *Holznauftraga* und beim *Brikettbeiga.* Als Belohnung gab es ein *Xälzbrot.* Besonders nette Nachbarinnen strichen sogar Butter unter das *Xälz* oder wenigstens Margarine, selbst auf das Risiko hin, damit in den Geruch der

Verschwendung zu kommen (*Stellet Se sich bloß vor, die dent sogar Butter onders Xälz*). Wenn man außerdem noch *en Zehner* bekam fürs Helfen, war die Freude riesengroß.

**Xangbuch**: In unserem Ländle ging es seit langem recht liberal zu und Evangelische lebten in den gleichen Orten wie die Katholischen. Allerdings, in der Schule und am Sonntag gab es einen großen Unterschied: das evangelische oder das katholische *Xangbuch,* das man offen mit sich trug beim Kirchgang. Beim Heiraten und in der Politik soll es heute oft noch eine große Rolle spielen, ob ein Kandidat *s rechte Xangbuch hat.* Damit wird man dann ... zweiter Bürgermeister, Baurat, Staatssekretär usw. Man nennt das auch Proporz.

HEIRATSGRUND

*S goht nex über a xonds Weib, des wo mr au zom Schaffa schicka ka.*

**Xondheit**: Körperlicher Zustand bei Abwesenheit von Krankheiten. Als Ausruf frommer Wunsch bei Geburtstagen, Neujahr und Niesanfällen.

**Xond ond gfräß**: Das ist die beste Antwort, die man geben kann, wenn sich jemand nach dem Befinden von Vieh und Mensch erkundigt. *Gfräß* zu sein, hat bei den Bauern als Adjektiv eine absolut positive Bedeutung. Es bedeutet, dass die Kühe gut fressen – also auch gut Milch geben. Als Kurzauskunft über die Familie gilt der gleiche Spruch.

WÜNSCHE

*Lieber reich ond xond als wie arm ond krank.*

## Z

**zach**: *D Wäsch auf em Waschseil ist no zach,* sagt man, wenn sie sich noch feucht anfühlt. Die Kleider sind *zach,* wenn man in den Regen gekommen ist damit. Dinge, die man in einem feuchten Keller aufbewahrt hat, sind nicht nur *zach,* die sind sogar *muffelig, die muffelet.* Der Wahrig meint zwar, das Wörtlein »zach« bedeute im Oberdeutschen »zäh« oder »ausdauernd«. Dafür sagt man bei uns aber > *hagebüchen.*

**zaddrig**: unstabil, beim Siedfleisch ist das mit Fett und Gallerte »Durchwachsene« *zaddrig.*

**Zapfa**: *Gib dem Kind sein Zapfa.* Sehr deutliche Klarstellung, was ein Schnuller ist: der Kindermund wird mit einem Zapfen verstopft und so ruhig gestellt.

**zapfaduster**: absolut dunkel, wie in einem Fass, in dem der Zapfen steckt.

**Zebedäus**: In Zeiten angeblicher Prüderie war dies die humorvolle Bezeichnung für das, was kleine Buben von kleinen Mädchen unterscheidet. (Eventuell nach jenem galiläischen Fischer, von dem die Apostel Jakobus und Johannes abstammen. Vielleicht, weil auch der nie öffentlich in Erscheinung getreten ist. Doch wusste man, dass es ihn gab.)

**Zenka**: Das Gegenteil vom > *Himmelfahrtsnäsle.*

ZARTGEFÜHL

*Ein Karpfenteich wird abgefischt. Ein Zuschauer fragt den Besitzer. »Da gibt's wohl a groß Fischessa heut Abend?« »Wo denkat se na. Tierla wo mr kennt, ka mr doch et essa. Die werdet verkauft.«*

**Zibeb**: getrocknete oder vertrocknete Beere der Weintraube. Auch: Mitbürgerinnen, denen man mangelndes Verständnis für andere, insbesondere für junge Leute nachsagt. Diese Wortwahl beweist, dass wir Schwaben sogar bei Schimpfwörtern noch galant sind. Denn die Zibeb ist nicht nur eine Frucht mit süßem Kern und als Zutat zu Kuchen, Brei und Apfelmus sehr beliebt, nein, sie ist sogar die große Form einer Rosine, die im Kopf zu haben sogar eher etwas Frohes an sich hat. Ergo ist *Zibeb* kein Schimpfwort.

**Ziefer**: Die kleineren Nutztiere, wie Geflügel und *Geißa* oder *Goisa,* im Gegensatz zum Ungeziefer, em *Oziefer.*

**Zügle**: Eine Lokomotive mit zwei oder drei Wagen war – ungeachtet des stattlichen Gewichts von weit mehr als hundert Tonnen – noch kein Eisenbahnzug.

**zuene**: *zuene Auga* hat bloß ein Schwabe. Andere haben geschlossene Augen.

**zupfa**: Das ist die Umkehrung von *stupfa*. Im Garten werden viele Früchte nicht gebrochen oder abgeschnitten, sondern durch *zupfa* geerntet.

**Zwetschga**: (Sprachfaule sagen auch nur Zwetscha). Das sind Pflaumen der Sorte, wie sie besonders im mittleren Neckarraum und rund um die Alb angebaut werden. Sie sind schlank und haben eine feine Säure. Dass es in einer südbadischen Stadt, in Bühl, besonders gute Zwetschgen gibt, macht uns die Badener so recht sympathisch. Wer Sprachprobleme hat, spricht und schreibt aushilfsweise Zwetschen ohne g; wir sind da tolerant. Aus *Zwetschga* macht man allerhand, so a *Zwetschgawässerle*. Als Entschuldigung für unsere Landsleute in Neidlingen und Umgebung mag gelten, dass dieses Naturprodukt alljährlich seine Entstehung ausschließlich der schwäbischen Sparsamkeit verdankt. Denn wie soll man denn sonst das übrig gebliebene Obst aufheben. Zuerst macht man aber einen *Zwetschgakucha*, das ist eine Köstlichkeit, die um so besser schmeckt, je dünner der Boden und je saftiger die Auflage ist. Es gibt Leute, ich selber zähle dazu, die finden ihn am besten, wenn sie zum Essen einen Löffel brauchen. Dazu einen guten Kaffee – und hinterher a *Zwetschgawässerle*!

FÜRSORGLICH

*Dem sei Weib braucht et ens Gschäft sprenga, der weckt se beizeit.*

**Zwetschgadörre**: Allgemein bekannt im übertragenen Sinn: die oberen Ränge im Theater. Weil die warme Luft nach oben steigt, wird es dort recht warm. In der Landwirtschaft ist die Darre ein beheizter Raum oder Schuppen. Im landwirtschaftlichen Haushalt befindet sich dieser Raum, schwäbisch meist *Dörre* genannt, irgendwo oben, über der Küche oder über dem Backofen im Bauernhaus und natürlich auch über dem des Bäckers. Während der Nachkriegszeit hat man sich in Göppingen erzählt, dass der Friedhofsverwalter über dem Krematorium eine *Zwetschgadörre* unterhalte.

VON WEGA

*Moina derf mr, aber et moina, mr dürft.*

**Zwetschgaxälz**: ist das Nonplusultra aller *Xälzsorten* und damit der Konservierungskunst einer schwäbischen Hausfrau. Der ganze Geschmacksreichtum der Früchte dieses Rosengewächses – so ordnen die Biologen alle Pflaumen ein – kommt in diesem köstlichen Brotaufstrich zur Geltung. War das *Xälzbrot* nach dem Holztragen damit bestrichen, war das guter Lohn fürs >*Abdackla.*

# LITERATUR

Berlichingen, Götz von: Lebensbeschreibung, um 1520, Gerabronn-Crailsheim 1962/1992.
Binder, Helmut: Adam und Eva, Privatdruck 1994.
Binder, Helmut: Brief von dr Kur, Privatdruck 1991.
Binder, Helmut: Der Jungfraufels, Tübingen 1990.
Binder, Helmut: Friedemann Eldar, Privatdruck 1999.
Fernau, Joachim: Und sie schämeten sich nicht – Eine Geschichte der Liebe. München 2000.
Gössele, Karl Giselher: Die Wallfahrt nach Ganslosen, Stuttgart 1940.
Kiehnle, Hermine: Kiehnle-Kochbuch, Stuttgart 1912.
Knöpfle, Babette: Schwätz koin Bäpp, Tübingen 1991.
Sailer, Sebastian: Die Schwäbische Schöpfung, um 1783, Faksimile-Ausgabe, Biberach 1977.
Schramm, Heinz-Eugen: L.m.i.A., Tübingen 1960.
Schramm, Heinz-Eugen: Schwäbisch für Reingeschmeckte, Frankfurt/Main 1977.
Südwestpresse (Hrsg.): Schwäbisch vom Blatt, Stuttgart 1983.
Troll, Thaddäus: Deutschland deine Schwaben, Hamburg 1967.
Troll, Thaddäus: Preisend mit viel schönen Reden, Hamburg 1972.
Weitnauer, Alfred: Auch Schwaben sind Menschen, Kempten 1959.
Weitnauer, Alfred: Sing nicht, Vogel, Kempten 1966.

Geislinger Zeitung und NWZ: »Schwäbisch, genialer Dialekt«. Mehrteilige Serie 2001.